会社の問題の9割は「4つの武器」で解決できる

株式会社スキルベース代表取締役
高松康平

朝日新聞出版

はじめに　会社では色々な問題が起こる

会社では色々な問題が起こります。例えば――。

月曜日の朝、マネージャーが、このままだと今月の売上目標が未達になると発破をかける。

火曜日、後輩から、会社を辞めると報告があった。外資系企業に転職するらしい。

水曜日、部長から、来期は製品の収益性改善にさらに取り組んでほしいと話があった。

木曜日、人事部から新規事業プランコンテストの案内メールが届く。できる限り多くの社員に取り組んでほしいと。私も何かしら提案を作らないといけない。

金曜日の夕方、社内が騒がしい。お客様へのメールを誤送信してしまったそうだ。至急の対応が求められる。誰だよ、金曜にそんなトラブル起こしたの?!　今日は遅くなりそうだ……。

毎週のように売上アップの対策を求められる息苦しさ。

会社は優秀な人材から抜けていく。今のメンバーだけでは、この先がとても心配だ。製品の収益性を抜本的に見直したいという気持ちはわかるが、原材料費アップが続く中で今後の見通しは暗い。

「新規事業プランを作れ！」と言われても、そんなことやったことがない。以前、同僚が新規事業プランを出していたが、上から強烈なダメ出しを食らっている姿を見ているので、尻込みしてしまう。

そして、なくならない業務ミス。ミスが起きると、社内は殺伐とした雰囲気となり、犯人探しが始まる。報告書も形骸化していて、抜本的な対策が打たれていないように感じる。そして、忘れた頃にまた大きなミスがやってくる……。

このような次々と起こる問題に、どのように対処していけばいいのか。本書では、その方法を明らかにしてきます。

■現場の問題解決がうまくいかない理由

会社では多くの問題が起こります。それらに、それぞれ違う人が対応することもありますが、一人で複数の問題に取り組まないといけないこともあります。

いずれにせよ、なんとかしようという動きは起こるものの、根本的な解決がされないままになっていることが多いのではないでしょうか。上司からは、今回は抜本的な改革を行うと号令が出るが、結局何も変わらない……。社内資料には〝それっぽい〟単語が並ぶが、本質に迫ることができていない……。研修や書籍で学び、それを実務に活かそうと思っても、そのまま活用できるわけではありません。

なぜでしょうか？

それは、問題解決と一口に言っても、やり方は一つではないからです。

現場で起こる問題には色々な種類があり、それぞれで考えるポイントが異なります。そのポイントを押さえずにがむしゃらに取り組んだとしても、問題を解決することは難しいのです。

例えば、ミスをなくすための問題解決と、売上アップのための問題解決は、同じようで実は違います。

目の前にある問題の種類を認識して、「どのように取り組むことが最適か」をまず選択しなければいけません。

しかし、研修や本でたとえ問題解決を学んだとしても、1種類の問題に対する考え方しか学んでいないと、その手法が適切なのかを判断できません。たまたま書籍で学んだ内容が使えるかもしれませんが、それは偶然の産物です。本で読んだ内容をそのまま自分の問題に適用したものの、なかなかうまくいかない事例を数多く見てきました。

問題を高い確率で解決するためには、目の前にある問題の種類に合わせて対応していく必要があります。しかし、問題への取り組み方の選択方法がわかっていないために、とりあえず問題を解き始めてしまうことが多いのです。

■現場で起きる問題は、この4つでざっくり9割

では、どのような〝問題の種類〟が存在するのでしょうか?

確かに、ビジネスの現場ではさまざまな問題が発生します。しかし、それらをよくよく見ていけば、その9割は次の4つのいずれかであることがわかります。

❶業務ミスやスケジュール遅れ
❷営業の売上目標達成
❸事業の成長や収益性
❹新規事業の立ち上げ

私は、ビジネス・ブレークスルーの問題解決力トレーニングプログラムの講座責任者を10年間務め、2022年に独立しました。現在も、大企業から中小企業まで幅広い企業に対して、現場で起こる色々な問題に対応できる研修を提供しています。年間約100日の研修講師を務め、研修後に受講生が実務テーマで取り組んだ問題解決レポートを1000名分以上添削する中で、この4つでざっくり9割だと気がつきました。

本書を読んでいただくことで、この4つの問題を解決する力を身につけられるようになります。

なお、一般的には❹は問題と言わないことも多いと思いますが、何もない現状と新規事業を創り出すという目標との差を問題として認識し、これも広い意味での問題の一つであると整理しています。

これらの問題に対しては、それぞれに正しい取り組み方が存在します。我流で取り組んだとしても成果は出ません。いくら時間をかけても、前に進むことはできず、思考の迷子になってしまいます。

迷子にならないようにするために必要となるのが【問題解決の地図】です。問題解決の

地図とは「思考のプロセスを表現した図」のことです。本書では、第1章から第4章で、4種類の問題解決の地図の活用方法が学べます。

問題解決の地図を上手に活用し、現場での成果につなげるためのポイントは2つです。

問題解決の地図を活用する際のポイント

①〝問題の種類〟に合わせて正しい「視点」を持つ
②問題解決の地図に沿って前に進むための「武器」を持つ

正しい「視点」を持つことで、重要な点を見逃すことがなくなります。さらに、正しい「武器」を持つことで、問題解決の途中でつまずくことなく、前に進むことができます。

これらの「視点」と「武器」の詳しい解説は序章以降で行いますが、私の研修では、現場の問題を解決できるようになるために、それぞれの種類の問題の解決に必要となる「視点」と「武器」を身につけてもらう内容にしています。

教育業界では、よく「わかるだけでは、できるようにならない」と言われます。研修で学んでも、現場で使えるようにはなりません。実際にできるようになるには、使ってみる必要があります。使ってみてはじめて、徐々にできるようになります。成果につなげるために、私も徹底的に寄り添っていくようにしています。

その一方で、こう思うこともあります。「本当に、わかってはいるが、できないのだろうか？」と。「そうじゃなくて、実はわかってもらっていないから、現場で活用できないのではないか」と。

研修講師として、『『現場で使える問題解決の武器の使い方』をわかってもらえていないから、できないのだ」と日々反省をしながらカリキュラムを進化させてきました。その過程で、周りからは「考える力の研究が大好きな、考える力マニア」といわれるくらいまでに〝考える力〟を考えてきた内容を本書にまとめました。

本書は、これまでのビジネス書や研修で対応できなかった点を解決し、すべてのビジネスパーソンにとっての「問題解決の新しい教科書」になることを目指しています。中でも、次のような方々に読んでほしい一冊です。

●現場の色々な問題を解決したい方
●問題解決を体系的に学びたい方
●ビジネス書や研修で学んだことが、なかなか成果につながらない方

●部下・後輩の指導に活かしたい方

本書を通じて、問題の種類に合わせた視点と4つの武器の使い方を【わかって】いただき、【できる】ようになっていただきたいと思っています。それでは、問題解決の旅に出発しましょう。

2023年1月

高松康平

目次

会社の問題の9割は「4つの武器」で解決できる

序章

「4つの武器」で9割の問題は解決できる

第1章 「業務改善担当の視点」でミスをなくす
――1つめの武器「なぜなぜ分析」

第2章
「営業の視点」で売上目標を達成し続ける
――2つめの武器「構造化」

第3章

「事業部長の視点」で収益性や成長性を高めていく
——3つめの武器「仮説思考」

第4章

「新規事業部長の視点」で新しいビジネスを創る
──4つの武器「ストーリー」

装丁　遠藤陽一（デザインワークショップジン）
本文デザイン・作図　鈴木愛未（朝日新聞メディアプロダクション）
著者エージェント　宮原陽介（アップルシード・エージェンシー）

序章

「4つの武器」で9割の問題は解決できる

「はじめに」で述べた通り、ビジネスの現場であなたが向き合わなくてはならない問題の種類はほぼ4つに絞り込めます。

「直面している問題がそれらのうちのどれであるか」を認識できれば、問題解決に必要となる「視点」と「武器」を選ぶことができ、その問題をいち早く解決できるようになります（図表1）。

〝問題の種類〟に応じた「適切な視点」が欠かせない

起きた〝問題の種類〟によって、その問題に影響を及ぼしている要素が異なります。

例えば、自分自身のミスをなくし、仕事の生産性を上げたいのであれば、自分の仕事の範囲の中で考えれば問題はありません。

一方で、事業全体の収益性や成長を考えるのであれば、自分の仕事の範囲内だけの話では完結できません。自分の部署のことだけでなく、他の部署についてもあわせて考えなければいけません。さらに、自社のことだけでなく、お客様や競合の動向、社会全体の変化についても考える必要があります。

図表1　**問題解決に必要となる「視点」と「武器」**

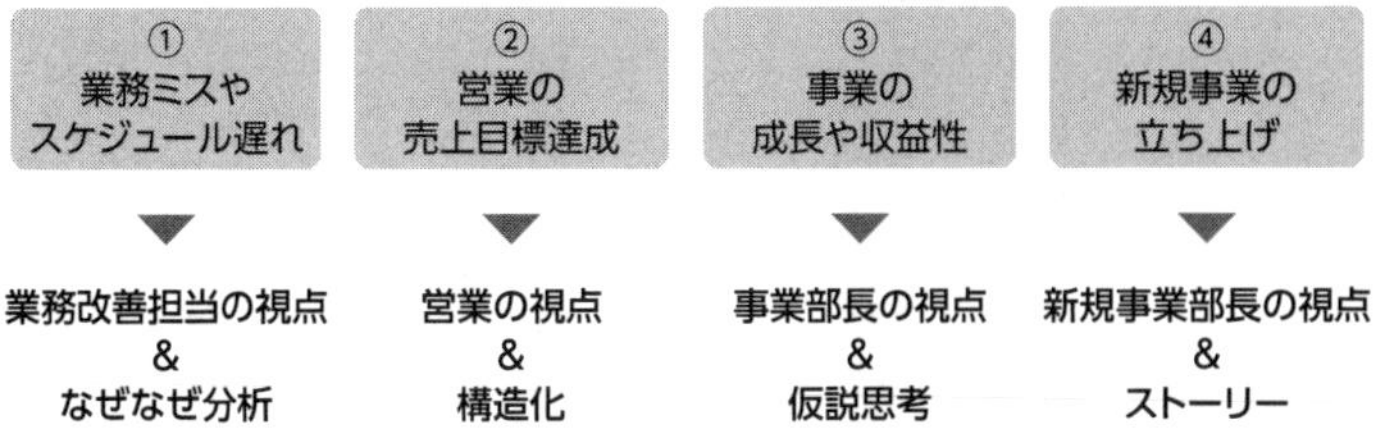

つまり、**〝問題の種類〟によって、「考えるべき範囲」（どのような立場〈＝視点〉で、どこからどこまでのことを見なければいけないのか）が異なる**ということです。

この【視点】が〝問題の種類〟に合っていないと、問題解決をうまく行うことができません。特に、原因分析がうまくできません。

人間はどうしても気になるところばかりを見てしまうものです。何か問題が起きた場合に、「どうせ原因は○○にあるだろう！」と自分の気になる点ばかりを見てしまうことがあります。

しかし、本当にその問題の原因は、そこにあるのでしょうか？　そうとも限りません。

自分の気になる点だけを見るのではなく、問題を起こしている真の原因を探るためには〝問題の種類〟に応じた適切な「視点」を持ち、問題に影響を及ぼしている要素を幅広く見なければいけません。

視点を変えることで、見える範囲（視野）を狭めることも広げることもできます。単純に視野を広げれば問題が解決しやすくなるという話ではありません。視野を広げすぎてしまったことで、関係ない部分まで見てしまい、その結果として、意味のない検討が行われるということも起こりえます。

だからこそ、〝問題の種類〟に応じた適切な視点を持つことが大切なのです。

実務の問題解決では「武器の使い分け」が重要

本書で【武器】と呼んでいるのは、ある問題を解決する際に「重要となる思考力」のことです。

例えば、業務ミスと業績ダウンの問題では、重要となる思考力は違います。

業務ミスが起きてしまった場合、そのミスが今後起こらないように再発防止策を考えます。ミスを起こす原因を100%なくしたいと考える必要があります。

それに対して、業績ダウンの問題に取り組む際は、どうでしょうか？　業績ダウンが起こる原因を100%潰していくわけではありません。確かに赤字の発生原因を100%なくすことができれば最高かもしれませんが、それよりも、業績ダウンを起こす一番悪い原因を特定しそこを直して、大きなインパクトを残したほうが効率的です。

ミスの場合はミスを100%直したいと考えるのに対して、業績が悪い際には、特に悪い20%を直して、ざっくり80%のインパクトを残したいと考えます。業務ミスの場合には、原因を事細かく直していく必要がありますが、業績アップの際には、もっと要領よく、言い方をかえると、ずる賢く解決したいということです。

このように、業務ミスと業績ダウンでは、問題の種類が違いますので、その問題を解決する際に重要となる思考力も違うのです。

既存のビジネス書でもさまざまな思考力（武器）の重要性は語られてきましたが、問題の種類による武器の使い分け方までは教えてくれません。実は**武器の使い分けを知らないことが、実務の問題解決で苦労してしまう原因となっている**のです。

あなたの目の前にも、色々な問題が出現するはずです。それらの問題を解決するためには、複数の武器を持つ必要があるのです。

ビジネスシーンでよく起きる4つの問題への対処法

それでは、4つの問題ごとに、それぞれに必要となる「視点」と「武器」を見ていきましょう。

❶業務ミスやスケジュール遅れ

仕事の中でどうしても起きてしまうのが、業務ミスやスケジュール遅れです。

例えば、メールの誤送信です。「本来送るはずだった相手とは違う相手にメールを送ってしまう」といった一つのミスが、会社の信用を失い会社の業績にも大きな影響を与えてしまいます。

それ以外にも、重要な資料での誤字脱字、イベントでの備品忘れ、店舗での価格の表示

図表2 **業務改善担当の視点**

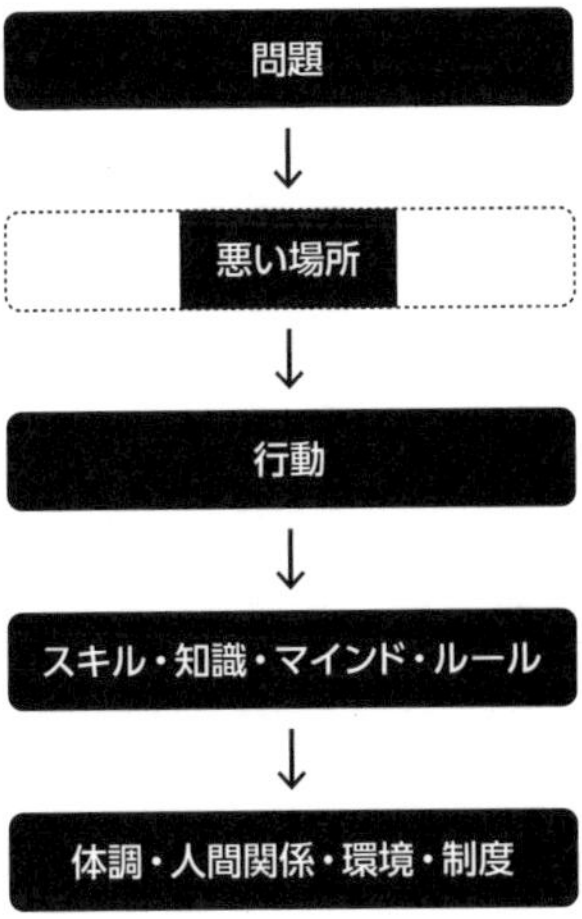

ミスなど、業務ミスの例をあげたらきりがありません。

本来すべきことができず、お客様や関係者にご迷惑をおかけしてしまうというわけです。加えて、大事な仕事でのスケジュール遅れ。これも絶対に許されません。

このような業務ミスやスケジュール遅れが、1つ目の問題です。仕事の生産性を少しでも上げたい場合も、この問題に含まれます。

そのようなときに持つべき視点が、【業務改善担当の視点】です（図表2）。**業務ミスやスケジュール遅れが起きてしまった際に、問題（ミス）が起きた原因を探るための視点です。**

そして、その際に必要となる武器が【なぜなぜ分析】です。その問題を起こした原因を正しく探ることができます。

詳しくは第1章で解説します。

❷営業の売上目標達成

「昨年に比べて売上実績が落ちてしまったので、なんとかしなければいけない」、もしくは「売上実績は昨年に比べて伸びているが、このままいくと目標を達成できない」といった問題が、ここに含まれます。

これらは、主に営業担当者が向き合うべき問題です。ですから、そのときに持つべき視点が【営業の視点】になります（図表3）。

売上の問題を解決するために見なければいけない範囲は、❶の問題よりも広くなります。自らの営業活動についてはもちろんですが、お客様のこと、競合のことも見なければいけません。そこで**重要となる武器が【構造化】です。**

構造化とは、問題と原因の関係性を1枚で描くことです。

図表3 **営業の視点**

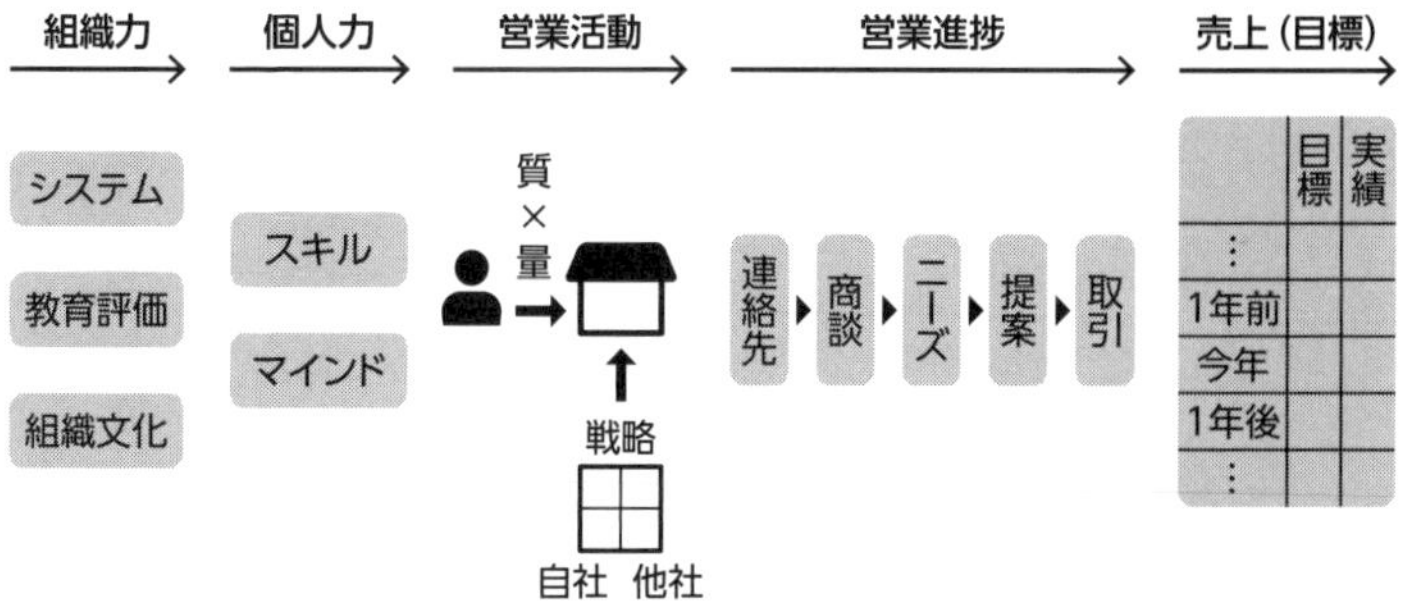

売上の問題解決に取り組もうとすると、どうしても気になる点ばかりを見てしまいがちです。「うちは営業のヒアリング力が弱い」とか、「競合が値引きをしてきた」などです。それはそれで事実かもしれませんが、問題を引き起こす原因の一つにすぎません。

「なぜ問題が起こるのか？」を把握するには、全体としての動きを俯瞰《ふかん》するために、物事を構造化して考える必要があります。

また、お客様は一人ではありません。多くのお客様に買っていただくためにも、全体を俯瞰して考えることが重要になります。構造化して考えることで、「営業活動を好転させるために何をするか」が見えてきます。

詳しくは第2章で解説します。

❸事業の成長や収益性

「一つの事業をいかに成長させるか、いかに収益性を高めるか」という問題です。特定の商品・サービスの成長や収益性なども、ここに含まれます。

そのときに必要となるのが【事業部長の視点】です（図表4）。事業部長とは、一つの部門の責任者のことで、事業全体に責任を持ちます。問題が起きる原因が自分の担当領域にあるとは限らないため、たとえ、自分が事業部長でなくても、事業部長の視点を持つ必要があるのです。コンサルタントがクライアントの事業や製品・サービスについて考えるときも、この視点に立ちます。

事業部長の視点とは、一つの事業のビジネスの流れを1枚にまとめた俯瞰図のことです。世の中にはさまざまな会社や業界が存在しますが、ビジネスの流れには共通項が存在します。その共通項を知ることで、目の前で問題が起きた際に「その背景では、こういう

図表4 事業部長の視点

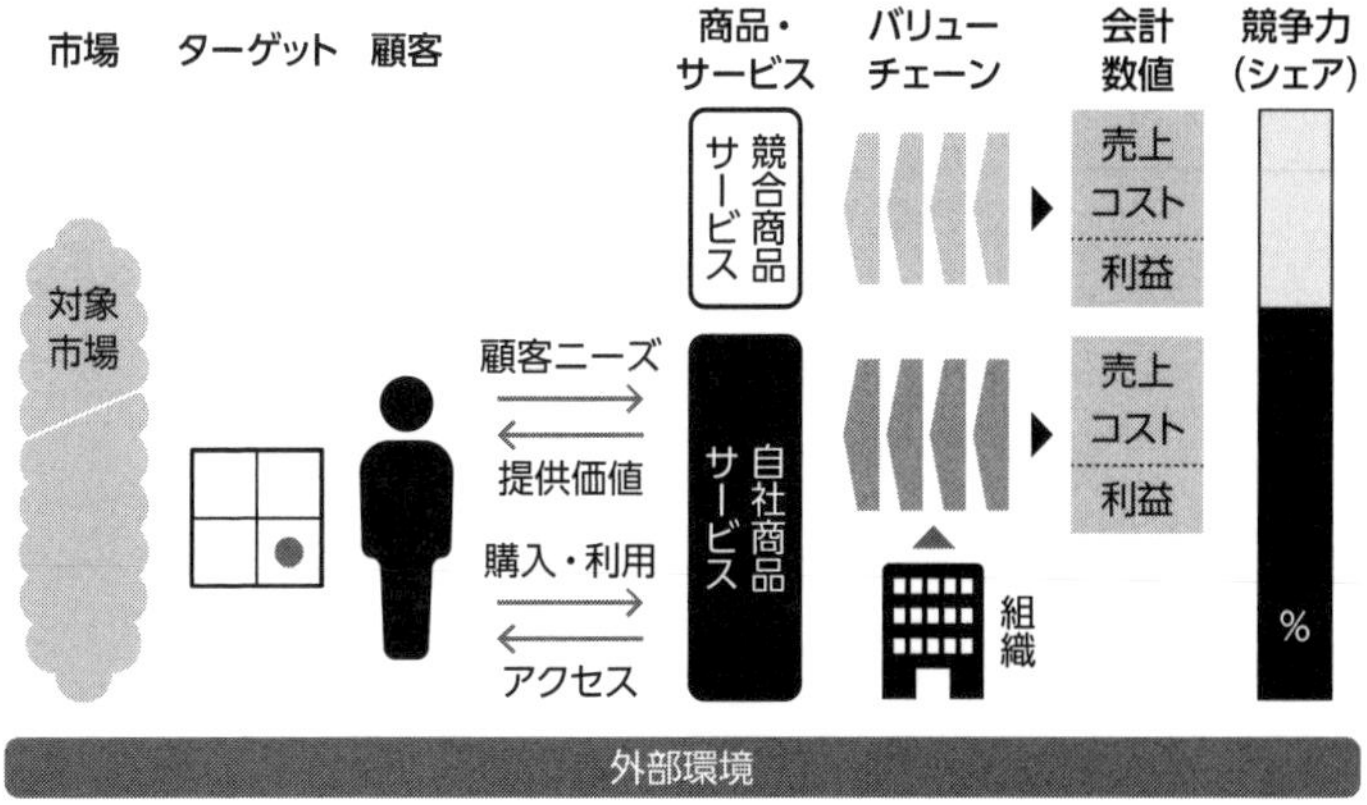

ことが起きているのではないか」と考えることができるのです。

それが【仮説思考】という武器になります。仮説思考を技術として体得すれば、自分が経験したことがない事業全体についても筋の良い仮説が出せるようになります。

経験やセンスがないと筋の良い仮説は立てられないとあきらめる必要はまったくないのです。

詳しくは第3章で解説します。

❹新規事業の立ち上げ

これは、これまでの3つの問題とは少し異なります。

現実のビジネスでは、既存事業での成長

図表5 新規事業部長の視点

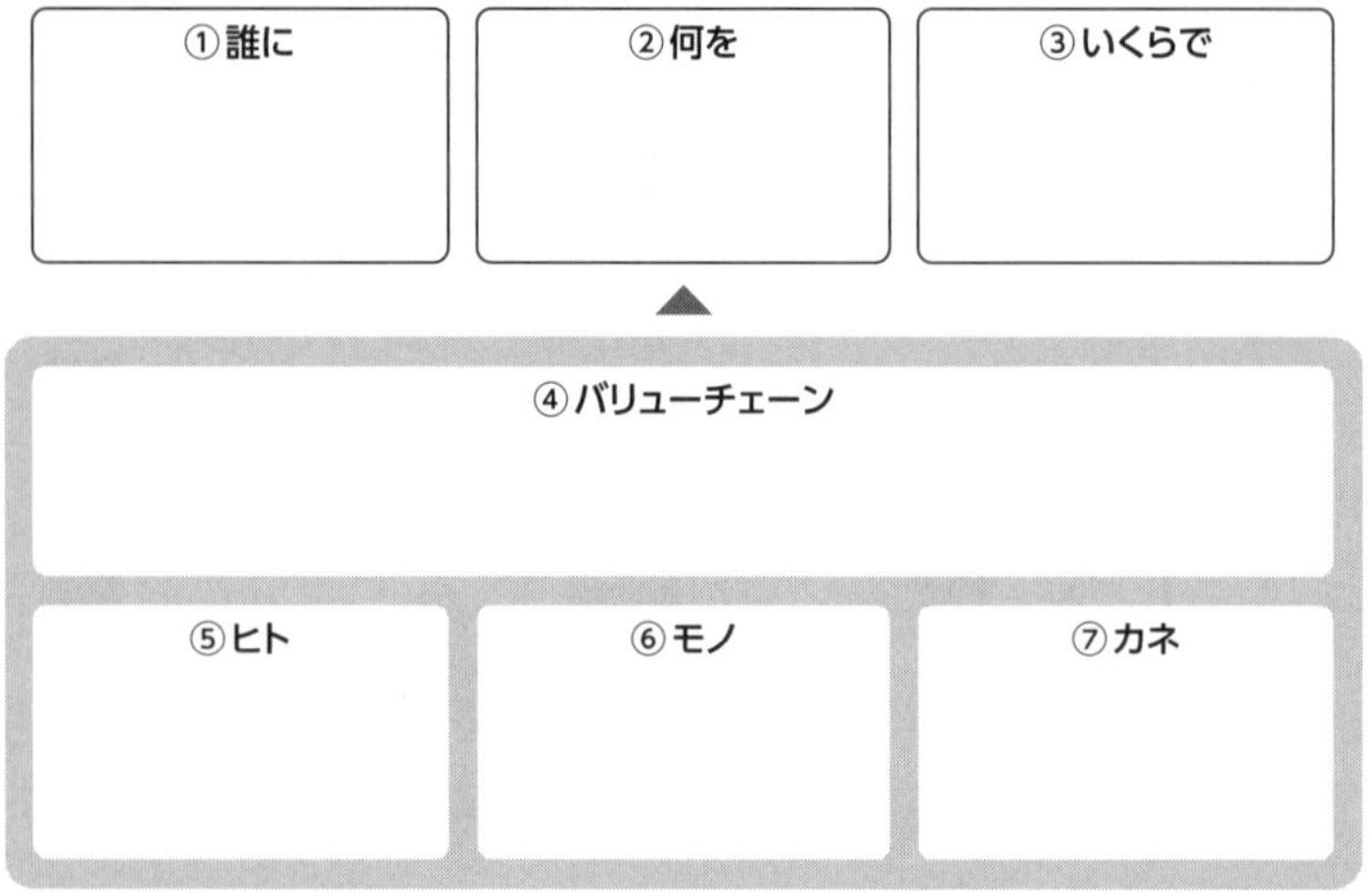

では限界があるため、既存事業の問題解決を進めながら、新規事業に取り組むことが多くなります。発生した問題を解決するのではなく、新たな価値を創造することを目指すため、❹は「価値創造型の問題解決」と言うこともできます。

こういった新規事業の考え方は、他の問題解決とまったく違いますが、あえて本書では同列で扱うことで、他の問題との違いを理解し、適切に考えられるようになることを狙っています。

ここで必要となるのが【新規事業部長の視点】です（図表5）。3つ目の視点が「事業部長の視点」でしたが、今回は新規事業を担当する事業部長の視点です。

新規事業を創り出す際には、検討すべき

要素をバランスよく考えるための視点が必要です。**「誰に、どのような価値を提供し、どのようにマネタイズ（収益化）をするのか」という新規事業プランをバランスよく考えます。**

その際に、必要となる武器が【ストーリー】です。ここでいうストーリーとは、「その新規事業がなぜうまくいくのか？」という理由が用意されている状態のことです。

新規事業のビジネスプランの内容は網羅的に検討できていればよいのではなく、そのプランを考えた時点で、「そのプランがうまくいく理由」が用意されていることが重要です。そうでなければ、単なる思いつきの域を出ません。

同じような新規事業を競合もすぐに真似できるのであれば、成功する可能性は下がります。「その新規事業プランは、本当に自社だからこそできることなのか、自社らしさがそこにあるのか」を丁寧に見ながら、新規事業のストーリーを作り上げていくのです。

問題解決は「問題の定義」から始まる

それでは、これらの4つの問題に、私たちはどのように取り組んでいけばよいのでしょうか。

問題解決は、「どんな問題に取り組むか」を定義することから始まります。これを「ステップ0（現状分析）」と呼んでいます。 つまり、「取り組むべき問題が4つの問題のうちのどれか」を認識します。

ここでいう「問題」とは、あるべき姿（目標）と現状との差のことです。 ですから、取り組むべき問題を定義するには、「現状はどうなのか」を分析し、その現状に対して「目標は何か」を明確にする必要があります。問題解決は「現状と目標（あるべき姿）」を認識することから始まる、と言い換えることもできます。

その際に、忘れてはいけない点は、目標の先にある「目的」です。目標は「具体的に達成したい定量的なゴール」です。それに対して、目的とは「結果として、社会に対して提供したいこと」です。数値目標ばかりに目を向けるのではなく、「何のために問題解決に取り組むか」を考えることが重要です。

また、**このステップ0は、じっくりと取り組むことが重要です。**

研修の仕事やコンサルティングの現場で、思考力がすごい方とご一緒させていただくことがあります。そのような人たちはなかなか問題を解き始めません。「これが原因だよね」とか「こうすればよいでしょう」などとは口にせず、「そもそも、解くべき問題は何か？　どういう種類の問題なのか？　なぜ、その問題を解決したいのか？」をまずは丁寧に確認しているのです。

ステップ0を疎《おろそ》かにすると、その後のプロセスもうまくいきません。部下や後輩を指導する際にも、一度「取り組むべき問題」は何かを確認してから、その後のプロセスを進めてもらうと効果的です。

問題解決には共通のプロセスがある

ステップ0（現状分析）によって問題の種類が認識できれば、誰の視点で「どこまでのことを見るべきか」も自ずと決まってきます。

ステップ0で問題が定義できれば、次のステップに進みます。❹の問題については後ほど解説しますが、**❶〜❸の問題では共通のプロセスをたどります**（図表6）。

❶〜❸の問題はすでに発生した問題を解決しようと考えるからです。❶は、すでに起きてしまった業務ミスやスケジュール遅れ。❷も、すでに発生してしまった売上の未達、もしくは、近い将来発生する売上の未達。❸も同じように、すでに発生している事業の成長や収益性の低下、もしくは、近い将来発生する場合も含めて、顕在化している問題に対して解決策を考えることになります。

ステップ1の「問題分解」では、問題を分解して、「特に悪い部分」を特定します。

あるべき姿（目標）と現状の差を細かく分解していくと、問題が起きている場所とそう

図表6 問題解決のプロセス

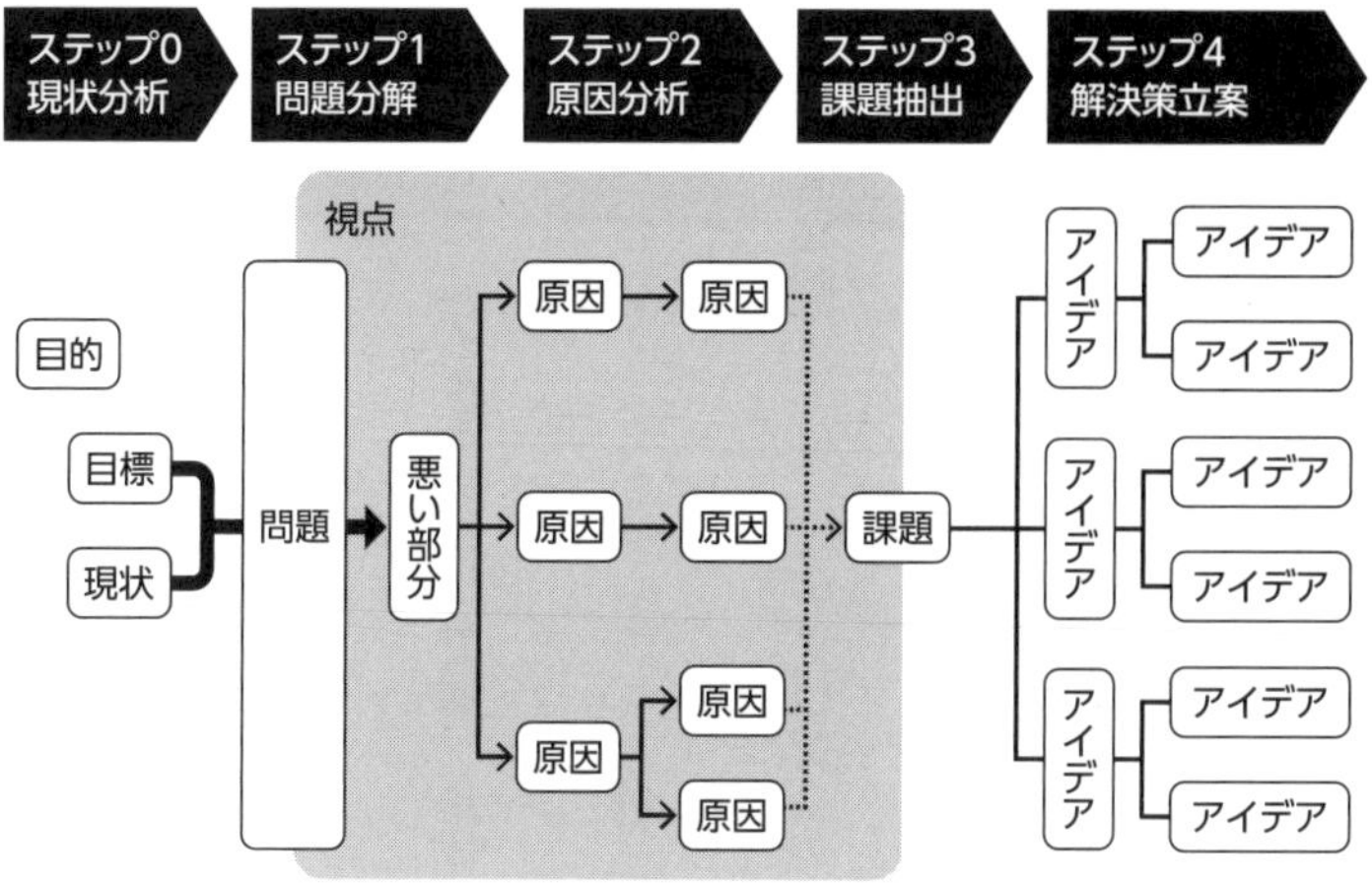

ではない場所があることが見えてきます。

ステップ2の「原因分析」では、「なぜ問題が起きたのか」を追究します。「原因」とは、問題を引き起こす事実です。一つとは限らず、複数の原因が存在します。

原因を深掘りすると同時に、「自分が想定していないところに原因がないか」に気を配りながら、幅広く原因を探っていきます。

ステップ3「課題抽出」では、事実を収集して、課題をまとめます。「課題」とは、問題を引き起こす事実の中でも、特に直すべき事実のことです。

「本質的課題」と呼ぶ場合もあります

が、「結局、何が一番直すべき事実なのか」を、言い換えれば「何を直せば問題を解決できるのか」を明らかにします。

それを頭の中の想像で行うのではなく、事実ベースで「課題は何か」をまとめていきます。


ステップ4の「解決策立案」では、具体的なアイデアを作成します。

「課題を解決するためには、どのような打ち手が考えられるか」さまざまなアイデアを出し、それぞれのアイデアを評価し、最終的な解決策を決定していきます。

❶〜❸の問題解決では、このプロセスの順番を変えずに丁寧に進めていくことが重要です。
人間は焦ってしまうと、どうしても先に進みたくなってしまいます。「何が問題か」を定義できていないのに、「あれが悪いこれが悪い」と原因を先に探りたくなります。自分がその問題に取り組んだ経験があれば、「こうすればよいんだよ！」と解決策をいきなり言いたくもなります。

人間は直感が働いてしまうからです。それは、人間の脳の動き方としてはとても自然なことなので、やめることはできません。

ただし、目の前に存在するのは、解決できていない問題です。つまり、難しい問題である可能性が高い。その難しい問題を直感に任せて、「こうすればよいのではないか」と思いつきで考えても、うまくいく可能性は低いのです。

また、自分自身の認識をなぞって、「その問題の原因はこれだ」と決めつけても、これまでと同じような結果になってしまう可能性が高いと言えます。

だから、**問題を分解し、ここで問題が起きているのだと丁寧に確認し（ステップ1）、その問題が起きている原因を幅広く洗い出します（ステップ2）。そして、集めた事実をもとに直すべきことを明らかにします（ステップ3）。そして、ようやく解決策を考えます（ステップ4）。**

たとえ今、ビジネスの調子がよかったとしても、さらに上を目指す場合には、これまで通りではいけません。今まで通り頑張っていこうと気合に頼るのではなく、冷静に考える必要があります。

新規事業プラン作成のプロセス

一方、**❹の問題解決では、❶〜❸の問題とは違うプロセスをたどります**（図表7）。

❹は、まだ何もないところから、新しい価値を生み出すアイデアを作る必要があります。それは、「問題がなぜ起きているのか」という事実を集めて、その原因を探ることができないからです。

まずは、**ステップ0で、「ビジネスの現状はどうなのか」を分析し、「どれくらいの規模の新規事業をいつまでに立ち上げたいのか（目標）」と「それは何のためか（目的）」を確認します。**

そのうえで、ステップ1からステップ4までのプロセスを進んでいきます。

ステップ1では、新規事業のヒントになる「気づき」を獲得します。

新規事業プラン作成のきっかけは、人それぞれに色々なケースがあります。シャワーを浴びているときに新しい気づきがあるかもしれませんし、お客様の話をお聞きして、「こ

図表7 新規事業プラン作成（価値創造型問題解決）の流れ

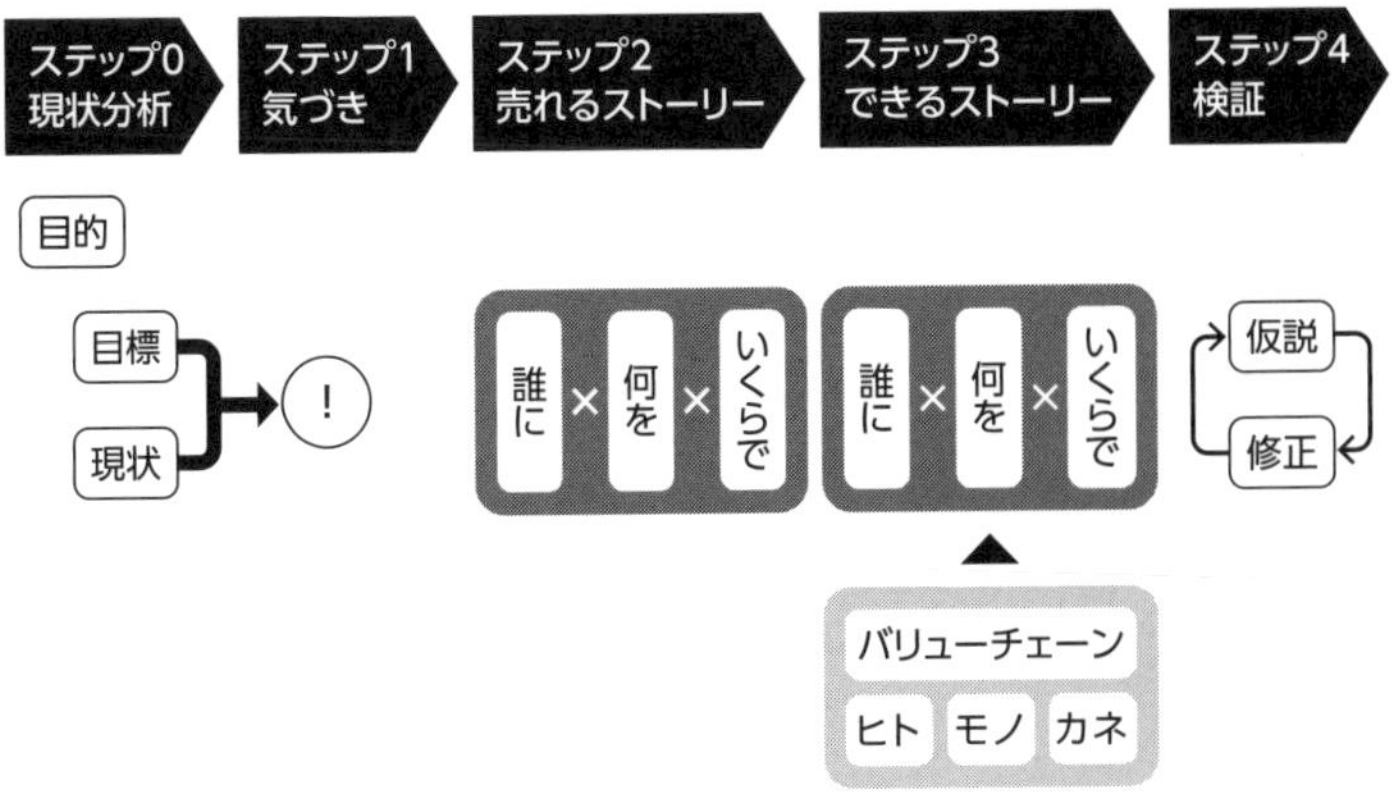

んなことができたらいい」とアイデアが思い浮かぶこともありえます。また、マクロトレンド分析を見ていて、新しい気づきがある可能性もあります。

ただし、その気づきだけで新規事業プランを創ることはできません。ダイヤの原石とも言えますが、それだけでは価値を生みません。そこで、ステップ2に進みます。

ステップ2の「売れるストーリー」では、「誰に、何を、いくらで、提供するか」を考えます。ステップ1の段階では、この3つの要素をバランスよく考えていないことも多いため、ここでどのような商品・サービスを提供するか具体的に考えます。さらに、3つの要素のつながりを確認することで売れる可能性があるのか、つまり、売れるストーリーが成立しているかを確認します。

ステップ3の「できるストーリー」では、事業を実現するために必要な要素を記載した計画（ビジネスプラン）を完成させます。さらに、実際に成功するには、そのプランが成功できる理由を備えていなければいけません。「なぜ自社だけがそれをできるのだろうか」「競合他社が真似してきても勝てるのだろうか」といった点を確認し、なければ用意する必要があります。

新規事業が成功する理由は、自社の強みから生まれてきます。バリューチェーン・ヒト・モノ・カネの面で、自社ならではの強みがあるからこそ、うまくいきます。また、そこに自社らしさがあるかも確認します。とりあえず新規事業をやってみようではなく、自社ができるストーリーを作り上げるのです。

ステップ4の「検証」では、事業の可能性を確認します。

ストーリーが仕上がったからといって、すぐに製品・サービスを作るのは危険です。それは、あくまでも机上のものだからです。

「新規商品やサービスを買ってくれるお客様がいるかどうか」を、実際に商品やサービスを作る前に確かめます。そこで大きな可能性を確認できれば、正式リリースに向かって動きだします。

その一方で、もし誰も買ってくれなさそうであれば、ここで終了すればよく、それはそれでよいのです。せっかく作った新規事業プランだと情が生まれてしまい、なんとかリリースしたいと固執してしまうものですが、早い段階で検証することで可能性を確認し、「事業を本当に進めるのか、それとも、ストップするのか」を決定します。

現場で起こる問題を解決する「視点」と「武器」

本書は、〝問題の種類〟に合わせた視点と4つの武器を身につけて、現場で起こる9割の問題を解決できるようになってもらうことを目指しています。

第1章から第4章では、それぞれの問題ごとに、先ほどご紹介した問題解決のプロセスに従いながら、必要となる武器の使い方を解説していきます。1冊の限られたスペースの中で効率的に学んでいただくことができるように、ポイントを絞ってお伝えしています。

第1章：「業務改善担当の視点」でミスをなくす――1つめの武器「なぜなぜ分析」
第2章：「営業の視点」で売上目標を達成し続ける――2つめの武器「構造化」
第3章：「事業部長の視点」で収益性や成長性を高めていく――3つめの武器「仮説思考」
第4章：「新規事業部長の視点」で新しいビジネスを創る――4つめの武器「ストーリー」

もし、皆さん自身がすぐに取り組みたい問題があるのであれば、その問題について書かれている章から読んでみるのもよいでしょう。

ただし、**私のおすすめは第1章から順番に読んでいただくことです。**そうすることで、「問題を解決するとは、そもそもどういうことなのか」や「問題の種類による考えるポイントの違いはどこにあるか」を理解でき、実務でうまく考えられるようになるからです。

さらに、それぞれの武器を実際に使う際のイメージを持ってもらいやすくするために、各章の最後ではケーススタディを紹介しています。皆さんが問題解決に取り組むことをリアルに想像しながら、4つの問題解決の武器を手に入れてください。

それでは、学びを始めていきましょう。

コラム

残り1割は経営者が取り組むべき問題

本章では、「現場で起こる問題は、この４つでざっくり９割である」とお伝えしましたが、そうすると残りの１割は何なのかが気になる方もいると思います。そこで残りの１割の問題について、ここで言及します。

その一つが、経営者が取り組むべき問題です。現場で取り組むのはあくまで一つの事業に関する問題ですが、経営者は「複数事業をどのようなバランスで成長させていくか」を考え、企業の経済的価値や社会的価値の最大化を目指します。

さらに経営者にとっては、資本市場との対話も重要テーマとなります。それらは、現場の問題解決を任されている執行サイドの問題とは、まったく違う種類のものになってくるため、本書では取り扱いません。

また、会社で起こる問題としてもうひとつ存在するのが、人間関係や組織の問題です。

「あの上司とはあまりうまくいかない」「他の部署との協力関係が築けない」といった人間関係の問題です。「社員のモチベーションが上がらない」「離職率が高い」「組織の一員として頑張っていこうとする風土が築けない」などという問題も存在します。

これらの人間関係や組織の問題も非常に重要テーマではありますが、最初からそこだけにフォーカスを当てるのは避けたほうがよいと思います。人間関係や組織の問題を解決するのは、あくまでもその先に、ビジネス上で発生する問題を解決するという目的があるからです。

組織メンバーのモチベーションを上げたいという問題定義自体は正しいように思いますが、「どれだけ上げればよいのか」というと際限がありませんし、それだけでは「何のためにモチベーションを上げたいのか」がよくわかりません。

ですから、人間関係や組織の問題だけに向き合うのではなく、あくまでビジネスの問題に対して取り組むべきであり、その代表例が本書でご紹介する4つの問題です。もし、それらの問題の原因に人間関係や組織の問題が存在するならば、そのときは改善すべきとなるということです。その意味で、人間関係や組織の問題も、本書で取り上げる4つの問題の一部と見ることもできるのです。

第1章

「業務改善担当の視点」でミスをなくす

——1つめの武器「なぜなぜ分析」

業務ミスやスケジュール遅れなど、現場でミスが起きてしまったとき、いかに再発を防げばいいのでしょうか。「なぜなぜ分析」という非常に有名な手法がありますが、実際にはうまく使いこなせていないことが多いようです。

この章では、その根本的原因を明らかにし、現場で起こるミスをなくすための問題解決のコツについて、【ステップ1：問題分解⇒ステップ2：原因分析⇒ステップ3：課題抽出⇒ステップ4：解決策立案】の流れに沿って、実際のビジネスシーンを想定したケーススタディも交えつつ解説していきます。

ケーススタディの舞台は、架空の会社「メガネフィット」です。第1章だけでなく第2章以降も、ケーススタディでは、メガネフィットで起こる色々な問題に対処しながら、問題解決の手法を学んでいきます。

ケーススタディ

顧客からの苦情の増加にどう対処するか？

メガネフィットは、全国に約100店舗を持つ中堅の眼鏡・コンタクトレンズ店です。

40年前に創業し、現在の社長は3代目です。創業の地がある東海エリアだけでなく、関東や関西にも進出し、昨年には初の東北出店も実現しました。

店舗数
東海エリア　45店舗
関東エリア　28店舗
関西エリア　19店舗
東北エリア　10店舗

丁寧な接客とお客様にフィットした眼鏡・コンタクトレンズの提供を強みとしています。自社で製造した眼鏡が、売上の30％を占めます。

会社のコンセプトは、「あなたにピッタリ！」です。自慢は店舗スタッフの提案力。じっくりとお客様の話を聞き、一番似合う眼鏡を提案し続けてきました。社内資格制度に【メガネコンシェルジュ制度】があります。お客様のご要望や容姿に合わせて、最適な一本を提案できる技術を社内研修で鍛え、その実力に応じて、3級、2級、1級と昇格していきます。

眼鏡1年保証を標準サービスとして提供しており、その点も評価されています。お客様は子供からシニアまで幅広く、長いお付き合いをしていただけるように、これまでの購入データや検査データは社内に保管されています。

なお、社長は、業界内での人脈も広く、全国の眼鏡店・コンタクトレンズ店が登録する業界団体である「中小メガネ・コンタクトレンズ全国交流会」の理事も務めています。

第1章の舞台は、メガネフィットのお客様相談室です。

お客様相談室には、お客様からの声が届きます。メールや電話などを通して届いた会社への要望に対する、全社的な取り組みを推進する役割を担っています。毎月、お客様の声が届きますが、ここ数カ月、特にお叱りの数が多くなっているようです。

実際にお叱りの声の数を調べてみたところ、これまでは月数件だったものが、ここ2カ月は月20件程度に増えていることがわかりました。そのほとんどが、「お客様への修理・点検完了の案内ができず、待たせてしまっていること」に対する苦情でした。

会社としては長く商品を使っていただくための1年保証を売りにしている中で、きちんとした対応ができていないということは、お客様との約束を守ることができていないと言えます。早急に対応策を考える必要があります。

あなたなら、この問題にどのように取り組みますか？

業務改善担当の視点とは

このような業務ミスの問題に対処する際に必要となるのが、「業務改善担当」の視点です。ミスは起こるべくして起こります。業務ミスやスケジュール遅れが起きてしまった場合に、問題（ミス）が起きた原因を正しく分析するために、この視点が必要となります。

「業務改善担当」の視点の全体像を示したのが、図表8です。この図の上から下へと分析を進め、原因を追究していきます。表層的な対策に終わらず、真の原因を深掘りするための方法論です。

まずは問題定義をした後、問題を分解し、「悪い場所」——つまり、問題が起きた場所——を特定します。そして、その問題が起きた原因を分析していきます。詳しくは後ほど

図表8 業務改善担当の視点&ステップ

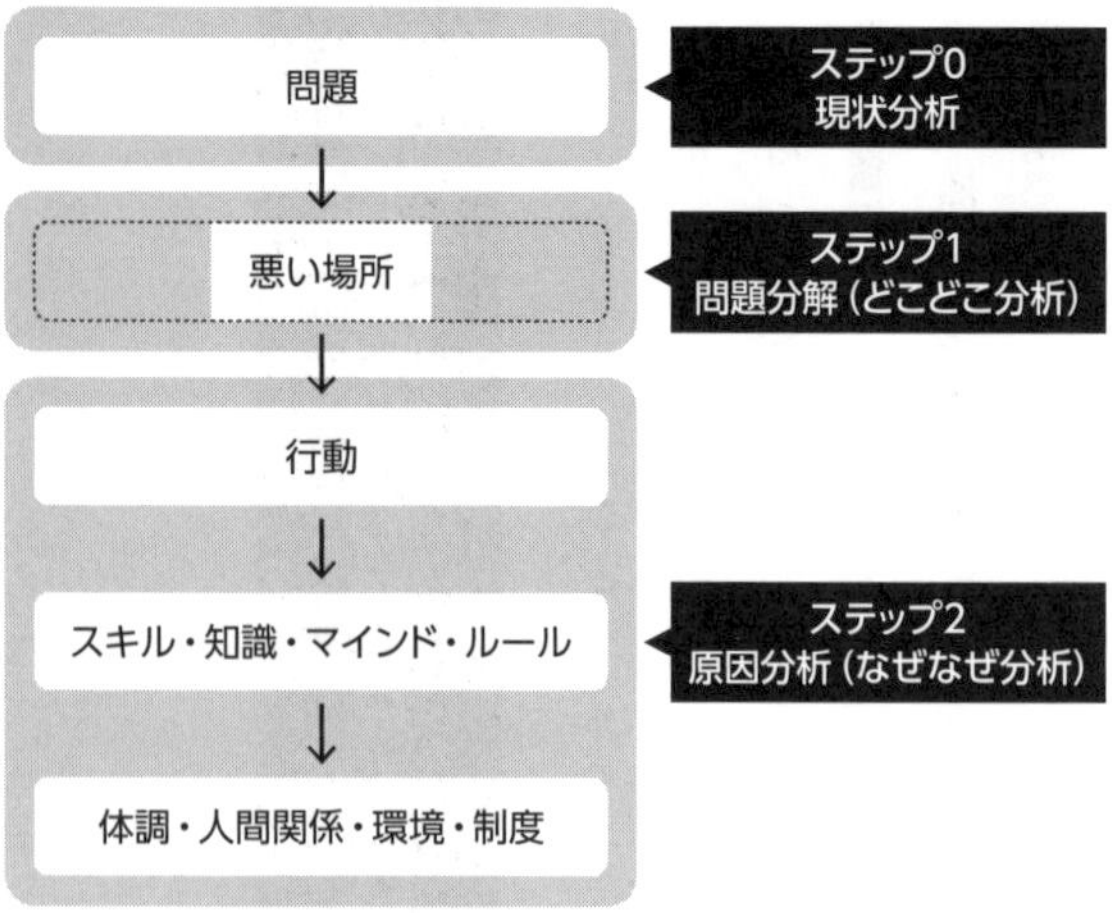

説明しますが、原因分析では最初に「行動」に着目します。その次は「スキル・知識・マインド・ルール」を見ていき、最後が「体調・人間関係・環境・制度」です。

原因を深掘りする「なぜなぜ分析」

業務改善担当の視点で原因を探る際に必要となる武器が「なぜなぜ分析」です。

なぜなぜ分析とは、その名の通り、「なぜなぜ」と繰り返しながら原因を深掘りすることです。なぜなぜ分析については、関連書籍が多く出ていますし、ネット検索でも情報を手に入れることができます。日本の製造業では非常に浸透している考え方で、何かミスが起きた際にはなぜなぜ分析を徹底するように教育している企業も数多く存在します。しかし、正しく使いこなせていないケースも多いです。

多くの企業で起きている現象を、私は「とりあえずなぜなぜ5回症候群」と呼んでいます。

ミスが起きた際に、「とにかくなぜなぜを5回すれば大丈夫だ」と間違った理解をしてしまい、問題解決につなげることができない状況のことです。書籍などでは、「なぜを5回繰り返せば、真の原因に辿りつける」と書いてあるため、そうなってしまうのです。

しかし、**何でもよいからなぜなぜを5回やれば大丈夫という話ではありません。**「とりあえずなぜなぜ5回症候群」になってしまうと、〝思いつきのなぜ〟を5回出せばよいと思ってしまいがちです。

また、実際にやってみると気づくのですが、なぜを5回繰り返すのは結構大変です。なぜなぜ5回にこだわると、4回目のなぜや5回目のなぜが、かなり強引になってきます。

もちろん、5回のなぜを行う必要があるときもありますし、6回以上行うときもあります。しかし、本来なら3回目で終わってもよいときも、4回目、5回目のなぜを無理やり出そうとしてしまいます。5回必ずやらなければいけないと信じ込み、5回することが目的化してしまうのです。そうなると、例えば、景気が悪いからだとか、日本が平和だからだ、といった有効な手を打つことができない原因まで出てきてしまいます。

つまり、無理やりのなぜは意味がないのです。

さらに、上司が「とりあえずなぜなぜ5回症候群」に陥っていると最悪です。部下やチームメンバーに対して、なぜなぜ5回をやるように指令を出します。上司から、「なぜだ！　なぜだ！」と強く言われると、非常に息苦しいものです。

しかも残念ながら、その圧力に耐えてなぜなぜ分析を行ったとしても、「なぜを5回すれば大丈夫」としか知らない上司には、なぜなぜ分析の内容面の評価をすることができません。なぜなぜ分析を正しく実行するには、分析するメンバーが正しいスキルを持っていることも大切ですが、それをチェック・評価する上司がそれ以上に深い理解を持っていなければならないのです。

なぜなぜ分析は非常に強力な武器である一方で、正しい使い方を知らない人が多いということです。そこで、ここからは、実際になぜなぜ分析の方法を紹介していきます。

ステップ1 問題分解
——なぜなぜ分析の前にどこどこ分析

業務ミスやスケジュール遅れが起きた際には、すぐに「なぜそのミスが起きたのか（原因）」を深掘りしたくなりがちです。しかし、その前に「どこどこ分析」を行う必要があります。

この2つは少し似ているので、ここで、その違いを押さえておきましょう。

どこどこ分析では、起きた問題を単純に切り分けます。いわば、問題の分解です。例えば、「どこの部署で業務ミスが起きたのか」「どこのプロセスでスケジュール遅れが生じたのか」などといったことを確認します。つまり、問題を分解し、事実を確認することで、問題が起きた場所（悪い部分）を特定するのです。

それに対して、**ステップ2で行うなぜなぜ分析では、その問題の原因を探ります。いわば、原因の分析です。**「入力を間違えたから」「スケジュールに追われていて焦っていたから」などと問題が起きた原因を探ります。

「まずは、どこどこ分析」と覚えてください。その後に、なぜなぜ分析を行います。

例えば、スケジュール遅れが起きた際には、どこの工程で特に遅れが発生しているのかを特定し、その工程で遅れている原因を探ったほうが効果的です。

他にも、お客様への案内で複数のミスが起きている場合には、どこで多くのミス（問題）が起きているのかを知るために、例えば部署別（支店別）に問題を分解してみます。もし、特定の部署で問題が起きているのであれば、「その部署でなぜ問題が起きているのか（原因）」を探ることによって、問題解決の精度を上げることができます。

ミスが起こると人間は焦ってしまい、どこどこ分析を飛ばして、すぐになぜなぜ分析したくなる傾向があります。そうなってしまうと、問題が特定されていない状況で原因分析を行うため、問題解決の精度が下がってしまいます。

ただし、**問題を分解する際に「どんな分け方をすればよいか」というのは、その時々によって変わります。**さらに2つほどサンプルをあげておきますので、参考にしてください（図表9）。

まず、試験で採点ミスが起きてしまったケースを考えてみます。この場合は、採点ミスが起きた場所を特定するために、科目別（英語・数学・国語・理科・社会など）や採点官別、問題の種類別（記号問題、論述問題など）などで分解するとよいでしょう。

図表9 **問題分解のサンプル**

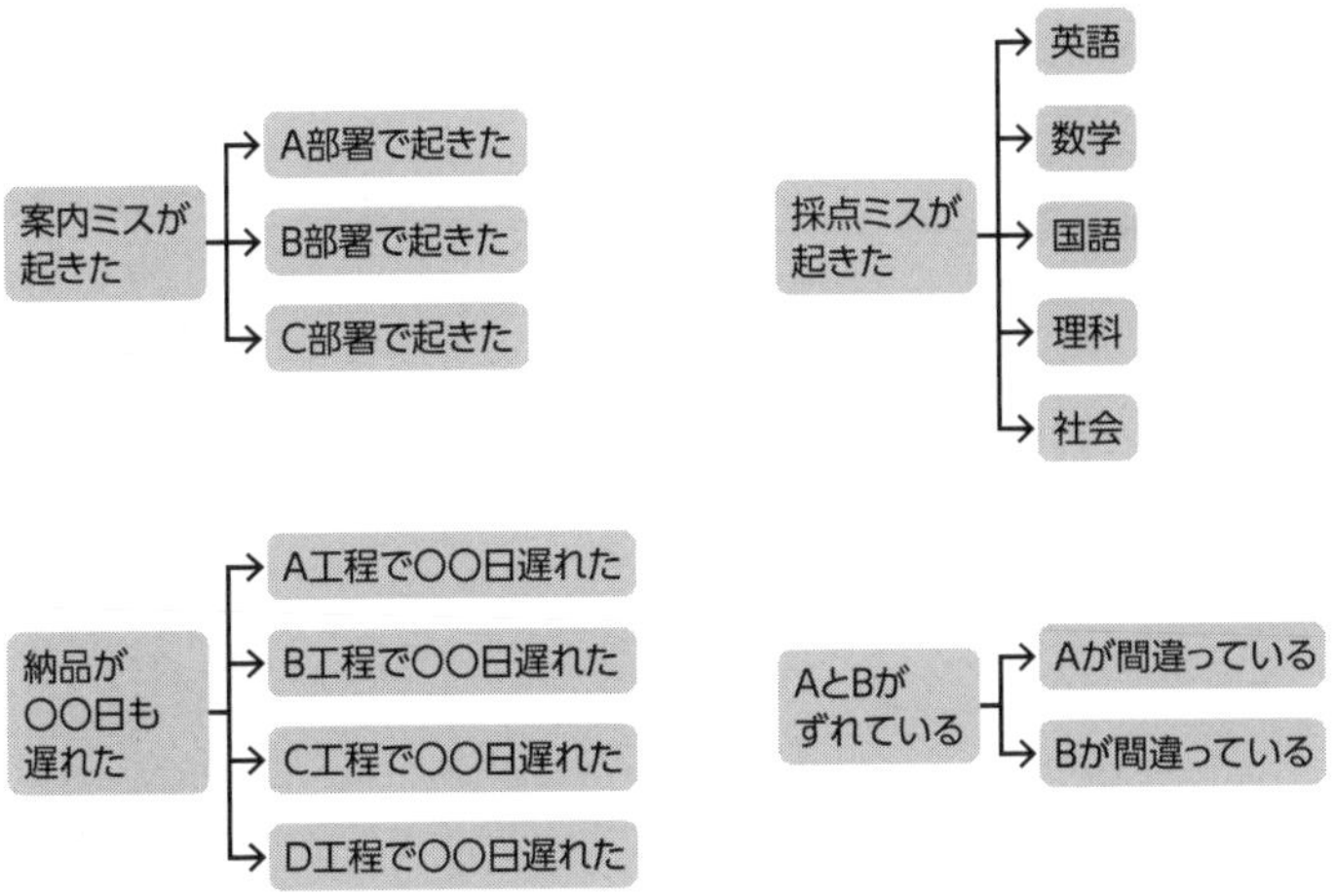

次に、AとBの数字が合わないケースでは、どうでしょうか。この場合には、「どっちの数字がずれているのか」を明らかにすることで、問題を特定することができます。もし、片方の数字が間違っているのであれば、その数字が間違っている原因を探ればよいことになります。もし、両方が間違っているのであれば、それぞれに「それがなぜ起きたのか」という原因を探っていきます。

問題が一つの場所で起きていれば対応もしやすいでしょうが、実際にはそうではないケースも起こりえます。**問題が色々な場所で起きている場合は、それぞれに悪い場所を特定し、別々になぜなぜ分析を行うことになります。**

ステップ2 原因分析
――正しくなぜなぜ分析を行う

どこどこ分析を行った後に、実施するのが「なぜなぜ分析（原因分析）」です。「とりあえずなぜなぜ5回症候群」に陥らずに、正しくなぜなぜ分析を行う必要があります。

なぜなぜ分析は、なぜを繰り返すことで問題が起きた原因を探ることであり、単純にそれだけとも言えるのですが、これがなかなか難しく、正しく実施することができないのです。**難しさの理由は、「なぜ」という言葉にあります。**

例えば、メールの誤送信が起きたときに、「なぜ起きてしまったのか」と問われたら、どう答えるでしょうか。

①入力を間違えたから
②担当者のスキルが低いから
③期末で忙しかったから

④体調が優れず集中力が低かったから

など、いくらでも自由に、答えることができます。

それは、「なぜ」という問いかけでは、「どのようなことを問いかけているのか」が曖昧で、何でも自由に答えることができてしまうからです。

しかし、**なぜなぜ分析は、自由に思いつきを言えばよいという方法論ではありません。**正しくなぜなぜ分析するためには、原因（なぜ）の種類を認識して、正しく深掘りをする必要があります。**特に「1つ目のなぜ」は重要です。**

原因には、次のような種類があります。

● **行動の原因**……「○○してしまった」「見間違えてしまった」「忘れてしまった」などの問題を起こしてしまった具体的なアクションのことです。

● **スキルの原因**……「○○することができなかった」という内容になります。その行動を実施しようとしたが、技術面に問題があり、実施することができなかったことを意味します。

●知識の原因……「〇〇を知らなかった」という内容になります。知らなかったために、その行動をしてしまったことを意味します。

●マインドの原因……「〇〇をする気がしなかった」という内容になります。やるべきだと認識していたが、やる気が起きなかったことを意味します。

●ルールの原因……「仕事のルールが〇〇になっていなかった」という内容になります。仕事の手順が適切でなかったことを意味します。

●体調の原因……「忙しくて集中力がなかった」「怒られてばかりでメンタルの状況がよくなかった」などといった内容になります。体の不調が原因になってしまったことを意味します。

●人間関係の原因……「部署のメンバーの仲が悪かった」「あの人には意見が言えなかった」などという内容になります。組織内の人間関係の悪さが原因になってしまったことを意味します。

●環境の原因……「職場が散らかっていた」「機器が使いづらかった」「働く場所が暑かった」などといった内容になります。環境面の不備が原因になってしまったことを意味します。

●制度の原因……「〇〇が会社の制度として認められていないから」といった内容にな

ります。会社を運営するための仕組みが整っていないことを意味します。

「近い原因」を探ってから、「遠い原因」を探る

なぜなぜ分析で正しく深掘りをするには、これらの原因の種類を意識しながら、順番に「なぜ」を出していく必要があります。

例えば、先ほどのメール誤送信の事例で言えば、①は行動の原因、②はスキルの原因、③は環境の原因、④は体調の原因です。

では、どのような順番で深掘りをしていけばよいのでしょうか。

まず「原因を深掘りするとはどういう意味なのか」を理解する必要があります。

「深掘りする」というからには、原因には「近い（浅い）原因」と「遠い（深い）原因」があります。

- **近い原因**……問題を引き起こす直接的な原因
- **遠い原因**……問題を引き起こした直接の原因の背後にある原因

問題が起きた原因を正しく深掘りするには、近い原因から探り、次に遠い原因を探る必要があります。そして、先ほどあげた原因の種類のうち、**最も近い原因はどれかというと、「行動の原因」です。**

問題のあった行動（行動の原因）が特定できたら、もう少し遠い原因を探りにいきます。問題を根本的に解決するには、その行動を起こしてしまった背景の原因も潰しておく必要があるからです。

「その行動の背景にはどんな原因があるのだろうか」と考えを進めていきます。**ここで探るべき原因は「スキル・知識・マインド・ルール」の4つです。**

次のような問いかけになります。

- スキル面で原因はなかっただろうか？（できなかったのではないか？）
- 知識面で原因はなかっただろうか？（知らなかったのではないか？）
- マインド面で原因はなかっただろうか？（やる気がなかったのではないか？）
- ルール面で原因はなかっただろうか？（そういう決まりがなかったのではないか？）

さらに、深掘りを続けます。**次が「体調・人間関係・環境・制度」の4つです。これらが一番深いところにある原因になります。**

人間はミスが起きると、原因として身近にあることを最初に考えたくなるものです。例えば、原因を「期末で忙しかったからだ」と環境のせいにしたくなります。しかし、「体調・人間関係・環境・制度」の原因はだいぶ深い段階になってから考えるべきものですから、それでは拙速になってしまいます。

なぜなぜ分析には正しい順番があり、それを具体的に表現したものが図表8（52ページ）の「業務改善担当の視点」の「原因分析」の部分になります。

ただし、実際になぜなぜ分析を行う際には、すべての原因を書き出さずに済む場合もありえます。該当するような原因がなければ、次の種類の原因を探りにいけばいいですし、同じ原因の種類で2回連続の「なぜ」を書くこともあります。

あくまで、原則としてこの順番で原因を探っていくと理解してください。ケースバイケースでアレンジすることは必要です。

「なぜ」の回数よりも重要なこと

なぜなぜ分析は、基本的には「体調・人間関係・環境・制度」のいずれかにまで、「なぜ」が到達していればOKです。

ただし、それが難しければ、その前の「スキル・知識・マインド・ルール」まで到達できていれば最低限の深掘りはできていると考えます。

結果的に「なぜ」が3回になってしまっても、4回になってしまっても、問題ありません。近い原因から遠い原因までつなげて考えられていることのほうが重要です。

「なぜ」の回数を5回に指定してうまくいっている企業は、5回の「なぜなぜ分析」をするとちょうどよかったという経験則があって、そう決めているのだと思います。

同じ会社、特に工場などでは、同じような問題が何度も起きます。部品製造でのミスなど、多くの人が同じような問題に取り組んでいくと、分析の事例が積み上がっていきます。

その事例を見てみて、「だいたい5回くらいのなぜなぜ分析を行うと、良い分析ができている」ということで、「なぜは5回行う」という方針にされているのだと思います。

「なぜ5回」を推奨している多くの会社はメーカーです。

その判断が他の会社でも当てはまるとは限りません。他の企業の事例を真似して、回数にこだわることはおすすめしません。

企業ごとに、部署ごとに色々な種類のミスが起きますので、随時、何回の深掘りを行うとよいのかを内容面（有効な手を打つことができる原因が特定できたかどうか）から判断していく必要があります。

「なぜ」と「他には？」はセットで考える

もうひとつ、なぜなぜ分析をする際の注意点をご紹介します。

それは、**「なぜなぜ」と深掘りをする際には、「他に原因はないか」と探す必要がある**ということです。「なぜ」とだけ深掘りしていくと、視野が狭くなってしまう可能性があり、重要な原因を見逃すかもしれないからです。

例えば、「スキル・知識・マインド・ルール」の原因を探る際に、思いついた原因があれば、まずはそれを書き出します。しかし、それで終わりにするのではなく、次のように4つの原因について一通り「他にはないか？」と探ってみて、もし他の原因も考えられるのであれば、書き足していくのです。

●スキルが足りなかったのではないか？（やろうと思ったができなかったのではないか？）
●知識が足りなかったのではないか？（そういうことを知らなかったのではないか？）
●やる気がなかったのではないか？（やらなければいけなかったが、やる意欲がなかったのではないか？）
●業務の手順（マニュアル）がそうなっていたのではないか（手順が適切でなかったのではないか？）

「体調・人間関係・環境・制度」の原因を探る際も同様です。次のように、「他にはないか？」と探っていきます。

●**体調が悪かったのではないか？**

例：睡眠不足だったのではないか？（身体状況）

例：ストレスで気持ちが弱っていたのではないか？（メンタル状況）

例：集中力が低下していたのではないか？（意識状況）

●**人間関係が悪かったのではないか？**

例：チームの仲が悪かったのではないか？（人間関係）

例：お互いが意見を言えない関係性だったのではないか？（コミュニケーション）

例：指示を聞いていなかったのではないか？（指示命令関係）

●**環境が原因だったのではないか？**

例：仕事空間が整理整頓されていなかったのではないか？（作業環境）

例：道具が使いづらかったのではないか？（道具）

●**制度の原因があったのではないか？**

例：会社の規則が対応していなかったのではないか？（規則）

例：それを実行する権限がなかったのではないか？（役割・権限）

さらに「行動の原因」を探る際も例外ではありません。ただし、「スキル・知識・マインド・ルール」や「体調・人間関係・環境・制度」とは少し勝手が違い、単純に「他にはないか？」と自分自身に問いかけても、なかなか思いつかないかもしれません。

そこで、「行動の原因」を探る際のコツを2つご紹介します（図表10）。

これらのコツは、慣れるまではなかなか使いづらいかもしれません。ただ、何回も使っていると慣れていきますし、効果も体感していただけると思います。

1つ目のコツは、「人間の行動プロセス」を意識して原因を探ることです。人間の行動は、次のように分解できます。

《①情報を受け取る　↓　②認知・知覚する　↓　③判断する　↓　④処理する》

この流れを意識することで、「他に原因はないか」を探りやすくなります。

具体的には、次のように考えます。

図表10「行動の原因」を探る2つのコツ

1 「人間の行動プロセス」を意識する

①情報を受け取る
▼
②認知・知覚する
▼
③判断する
▼
④処理する

2 原因を幅広く探る

本人がミスをした
▼
本人がミスに気がつかなかった
▼
他の人もミスに気がつかなかった

①情報が間違っていたのではないか？

例：送ってもらった情報が間違っていたのではないか？

例：違った情報を受け取ってしまったのではないか？

②認知・知覚し損ねたのではないか？

例：聞き間違えたのではないか？

例：見間違えたのではないか？

③判断を間違えたのではないか？

例：それで大丈夫と思ってしまったのではないか？

例：判断基準が間違っていたのではないか？

④処理をし損ねたのではないか？

例：押し間違えてしまったのではないか？

例：取り間違えてしまったのではないか？

もうひとつのコツは、原因を探る際に「自分が間違った行動をした」で終わりにせず、「自分がそのミスに気がつかなった原因」や「他の人も気がつかなかった原因」も探ることです。

こう書くと、問題が起きたことを、自分のせいではなく、他人のせいにしている気がするかもしれません。でも、それでよいのです。問題の対策は、個人ではなく、組織で行う必要があるからです。どうしても起きてしまう個人のミスを組織として防ぐために、原因を幅広く探るのです。

例えば、私が、パソコン入力でお客様の漢字を間違えてしまい、資料をお渡ししてしまったとします。その際には、「私が入力を間違えた」という行動の原因がまず思いつくでしょう。そこで終わらず、他の行動の原因を探ります。

●なぜ、私はお客様の漢字が間違っていることに気がつかなかったのだろうか？
●なぜ、上司はお客様の漢字が間違っていることに気がつかなかったのだろうか？

このようにして、「自分がミスした」という原因だけを書き出すのではなく、自分や他の人が気がつかなかった原因も探るようにします。

「『なぜ』と『他には？』はセット」と認識しておきましょう。「他にないか」と探ることによって、原因の見逃しを防ぐことができます。

ステップ3 課題抽出
――なぜ（原因）はすべて直したい

原因分析の次は、課題抽出です。**課題とは「一番悪いところ」であり、課題抽出とは「ここを直せば問題が解決できる」という場所を特定することです。一般的には「課題は○○である」とまとめることを指します。**

しかし、**業務ミスやスケジュール遅れの再発を防ぐ際には、あえて課題抽出は行いませ**

図表11 **なぜなぜ分析で洗い出したすべての原因が課題**

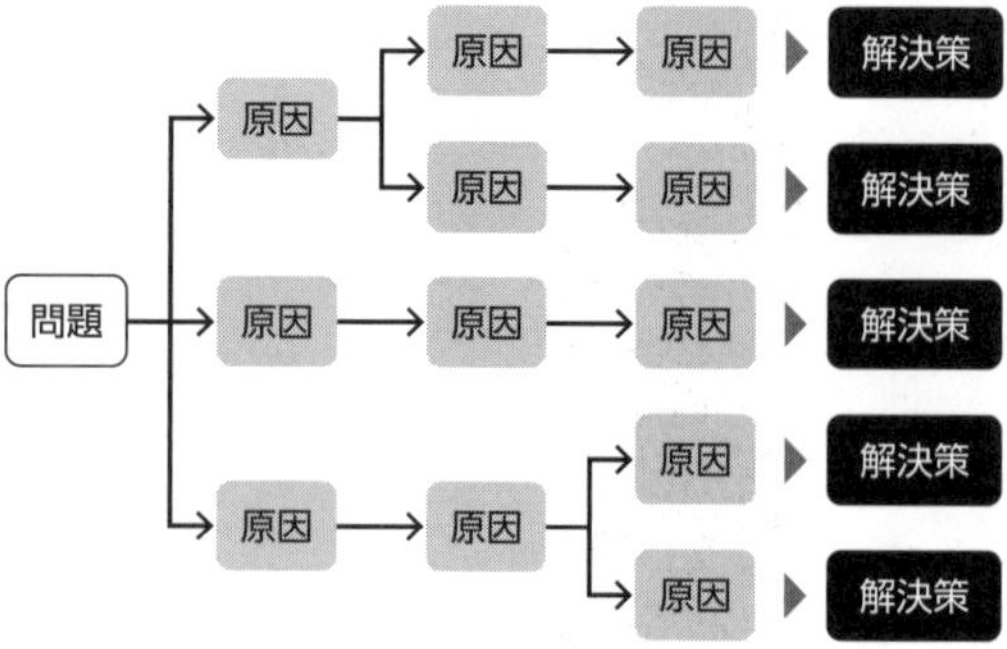

ん。ステップ2で洗い出したすべての原因をなくしたいと考えます。いわば、ステップ2で洗い出した原因すべてが課題だということです（図表11）。

人間はどうしてもミスをしてしまうものなので、ミスを100％なくすことは不可能かもしれませんが、できる限り100％に近い形でなくしたいと考えます。ステップ2で洗い出した原因のどれかを直して、だいたいのミスを防げると考えるのでは不十分です。こういった考え方が、鉄道や飛行機などの運輸・交通の世界や工場の現場では一般的です。

一方で、**業績アップにつながるような問題解決を扱う第2章や第3章では、課題抽**

出を行います。業績アップを図る際には、真の原因を探し出し、その原因を直すことで効果的にインパクトを生み出していこうと考えるからです。例えば、「20％の特に悪い原因を直して、80％の大きなインパクトを残したい」などと考えるため、課題抽出が欠かせないのです。

〝問題の種類〟によって考え方が違うということを理解せずに、常に同じ方法論で対応するのは危険です。問題を解決するどころか、かえって複雑化させてしまうことにもなりかねません。「課題はまとめる」と学んだ人は常にそのやり方を使おうとし、「課題はまとめずに、原因それぞれに解決策を考える」と学んだ人はその方法に固執しがちです。

そういったことをなくすことが本書の目的でもあります。だからこそ、問題を4つの種類に分けて、それぞれに対する考え方（武器）を紹介しているのです。

ステップ4 解決策立案 ——なぜを直すためのアイデアを出す

なぜなぜ分析を行い、問題を引き起こした原因を洗い出すことができたら、その一つひとつ——最終的に書き出した原因だけでなく、それよりも手前で書き出した原因も考慮する——に対する解決策を考えていきます。

ここでは、すごいアイデア発想力を発揮してというよりも、まずは「素直に」解決策を考えていきます。

素直にとは、次のような意味です。

- スキルが原因ならば、スキルアップできるアイデアを出してみる。例えば、教育研修。
- 仕事環境が散らかっていることが原因ならば、整理整頓するためのアイデアを出してみる。例えば、毎朝の清掃など。

ただし、素直に考えるだけだと、アイデアが深まっていきません。そこで、**アイデアを素直に出した後は、少しひねくれてアイデアを考えます。**

例えば、スキルが上がらないのであれば、特定スキルが不要になるような仕事のレベルに落とすことを考えてみる。もしくは、担当者を変えることも一つの手です。

要するに、解決策を考える際には、次のような2段階に分けるとよいということです。

●その原因に素直に対応するなら、何をすればよいか？
●ひねくれて対応を考えるなら、何をすればよいか？

このように考えると、多様なアイデアが出てくると思います。
ただ、ある程度の知識は持っておかないと、解決策のアイデアが出てこないという現実もあります。**アイデアを思いつくには、アイデアの引き出しが必要です。つまり、日頃からのインプットが重要です。**おすすめの方法を3つご紹介します。

1つ目は、ミスに関連する本を一冊読んでいただくとよいと思います。「ミスをなくす」「ヒューマンエラー」「安全人間工学」などのキーワードで本を探し、気になった本を読んでみてください。

2つ目は、発表されている「業務改善報告書」を読んでみることです。
残念ながら、世の中ではミスは起き続けており、大きな注目を浴びるものも発生しています。企業だけでなく、病院、行政、教育機関などで、ニュースになるような大きなミスが発生した場合には、当該企業や団体のホームページ上で業務改善報告書を発表することが多いです。

私は、そういった業務改善報告書を定期的に見るようにしています。ミスを起こしてしまったことは非難されるべきことですが、発表されている報告書の中には秀逸なものも多くあります。その内容を見ると、ニュースでは語られていないミスの対応の大変さや現場の工夫を知ることができます。

また、責任者による記者会見で詳細が説明される場合は、その内容も参考になります。「人のミス見て、わがミス直せ!」と言えます。


3つ目は、遊び心のある取り組みを探してみることです。


例えば、有名な事例では、ごみ箱の上にバスケットボールのネットを設置することで、みんなにゴールを決めるようにゴミを捨ててもらう取り組みがあります。こういった取り組みは、公共施設でよく見られます。

このような事例を知ることも有効です。ミスに対応するときは、どうしても必死になってしまいシリアスな気持ちになっていることが多いのです。そうすると解決策は、どうしても真面目なものばかりになっていきます。真面目なアイデアが悪いわけではないのですが、それだけでは人の行動を変えられないことも多く、シリアスな気持ちで考えるのではなく、ポップでカジュアルなアイデアを出すことも大切です。
こういった面白いアイデアを真似して、自社でもできないかを考えてみてみましょう。

解決策を「インパクト」「コスト」「時間」で評価する

解決策の評価基準はケースバイケースで変わりますが、一般的には「インパクト」「コスト」「時間」の3項目です。

●「インパクト」……その解決策がどれくらいミスをなくす効果があるか
●「コスト」……その解決策に必要となる費用や投資額
●「時間」……効果が出るまでの期間

この3つで評価をして、解決策を決定します。**それぞれの評価軸に関して、5段階評価（評価が高いものが5、低いものが1）を行い、点数を付ければ、どのアイデアを実行するかを決定できます**（図表12）。

図表12 **解決策を立案し、評価する**

		インパクト	コスト	時間
原因 ▶	解決策			
原因 ▶	解決策			
原因 ▶	解決策			
原因 ▶	解決策			
原因 ▶	解決策			
原因 ▶	解決策			
原因 ▶	解決策			
原因 ▶	解決策			

ただし、ここで2つの疑問が出てきます。

1つ目の疑問は、「インパクト」を正しく評価できるのかという点です。確かに、何事もやってみないと実際の効果はわかりません。しかし、現場でのインタビューや他社事例などを調査することで、ある程度の効果はつかめるはずです。

新しい施策の場合には難しいと思いますが、何もわからないというのでは議論が難しいので、感覚的でもよいので評価をしておくとよいでしょう。

もうひとつの疑問は、ミスは限りなく100%なくしたいので、解決策はすべて実施するべきではないかというものです。

この疑問は確かに、その通りだと思います。ミスをなくすためには、すべての対策は行いたい。ただし、残念ながら、企業や組織にはリソースの限界があり、時間も有限です。現実的には全部の対策はできません。

そこで、対応策の優先順位を決めることが重要になります。全部やりたいけど、何から実施するかを決めるために、解決策の評価を行います。そのうえで、どこまで実施するかを決定します。

現場の対応力を鍛えることも必要

また、解決策を検討する際の悩みとして、ミスをなくすためには結局、管理職がすべての仕事をチェックするという解決策が出てしまうことがあります。

確かにすべての仕事を管理職がチェックすれば、ミスは完璧に防げるように思います。これは時間の制約がなければ正しいですが、現実的に管理職がすべてをチェックしていたら、管理職の仕事がチェックだけになってしまいます。ですから、これは現実的には難しいと言えます。

ミスを100%なくすために、チェックは必要ですが、何事もバランスは大切です。管

理職は何をどこまでチェックするのか、現実的な対策を考える必要があります。

人がチェックせずに、AIを活用することも一つの手です。異常値や異変を感知したら、その状況を教えてくれるサービスの導入を検討してみるのです。

人間はミスをするものですから、チェック業務を機械にお願いしてみるというのも有効な方策です。

その他に、ミスの対策マニュアルがどんどん厚くなってしまうという悩みもあります。ミスが起きないように、業務プロセスを事前にすべて決めて、マニュアルを整備し、一律の対応を実施しようとすることは素晴らしいことです。ただし、マニュアル整備をやりすぎると、マニュアルが分厚くなってしまい、それを利用するスタッフとしては読むだけで大変になり、マニュアルの活用が難しくなってしまいます。

ここもバランスです。マニュアルに書くということは、すべての仕事を「想定内」と考え、それ通りに動くことを目指すということです。その想定内の事柄が多すぎても、煩雑になり、現場での対応が難しくなってしまいます。

また、すべての仕事を「想定内」にしようと思っても、現実的には「想定外」のことも起きます。その「想定外」のことが起きたら、その都度マニュアルを追加して整備するのでは、「想定外」の事柄に対応することができません。

ですから、社員のリーダーシップ教育が重要になります。日頃から自分で考える力を身につけておけば、想定外のケースにも対応できます。すべてをマニュアル化するのではなく、現場の対応力を鍛えるということも必要です。

最後に「そもそも」と言ってみる

あとは実行あるのみです。

ただ、**最後の最後の段階になってきて、問題の本質に気づくことがあります。**「今さら言いづらいけど、実はこうすればよいのではないか」ということに、頑張って検討してきて結論も見えてきている段階で気がつくことが時々あります。「気がついてしまう」という感覚が近いかもしれません。

そのような際は、勇気を出して「そもそも」と言ってみましょう。現場の仲間からは、「空気が読めない人だ」と思われてしまうかもしれませんが、これは仕方ありません。ミスを減らすのではなく、ミスをなくすために、ぜひ勇気を持って、「そもそも」という問いかけをしてみてください。

周りの人間としては、「そういう『そもそも』の話は早めに言ってほしい！」という気持ちがあると思います。

その気持ちは理解できるのですが、最初からは気づけないこともたくさんあります。**問題解決の具体的な話を進めてきたからこそ、根本的な問題解決につながる策を思いつくこともあります。**

これは、「問題を上流から捉え直している」とも言えます。業務改善担当の視点の上流から問題を捉え直すと、原因の捉え方も変わってきて、その対応策も変わってくるものです。

「そもそも」という単語は、若手だと言いづらいかもしれませんが、遠慮は不要です。問題解決に現場で取り組んできたからこそ、問題の本質が見えてくるのです。言わずにミスが再び起きてしまい後悔するのは、もったいないです。

私のこれまでの経験でも、打ち合わせの最後の段階で「そもそも」と言うことで、霧が晴れたような体験があります。もちろん、いつもではないのですが、大きなインパクトを出すためには遠慮は不要ということです。

▼
▼
▼

続いて、この章の冒頭でご紹介したケーススタディを使って、武器の活用イメージをつかんでいきましょう。

ケーススタディ 実践編

顧客からの苦情の増加にどう対処するか？

ステップ1 問題分解

メガネフィットでは、お客様への修理・点検完了の案内漏れのミスの件数が増加し、お客様のお叱りの声が増えてしまいました。まずは何から取り掛かるべきでしょうか？

問題解決は、「問題分解」から始まります。

なぜなぜ分析に進む前にやるべきは、「どこどこ分析」です。問題が起きている場所を特定することができれば、「その問題がなぜ起きたか」を考えることができます。

図表13 メガネフィットの問題（苦情の増加）を分解

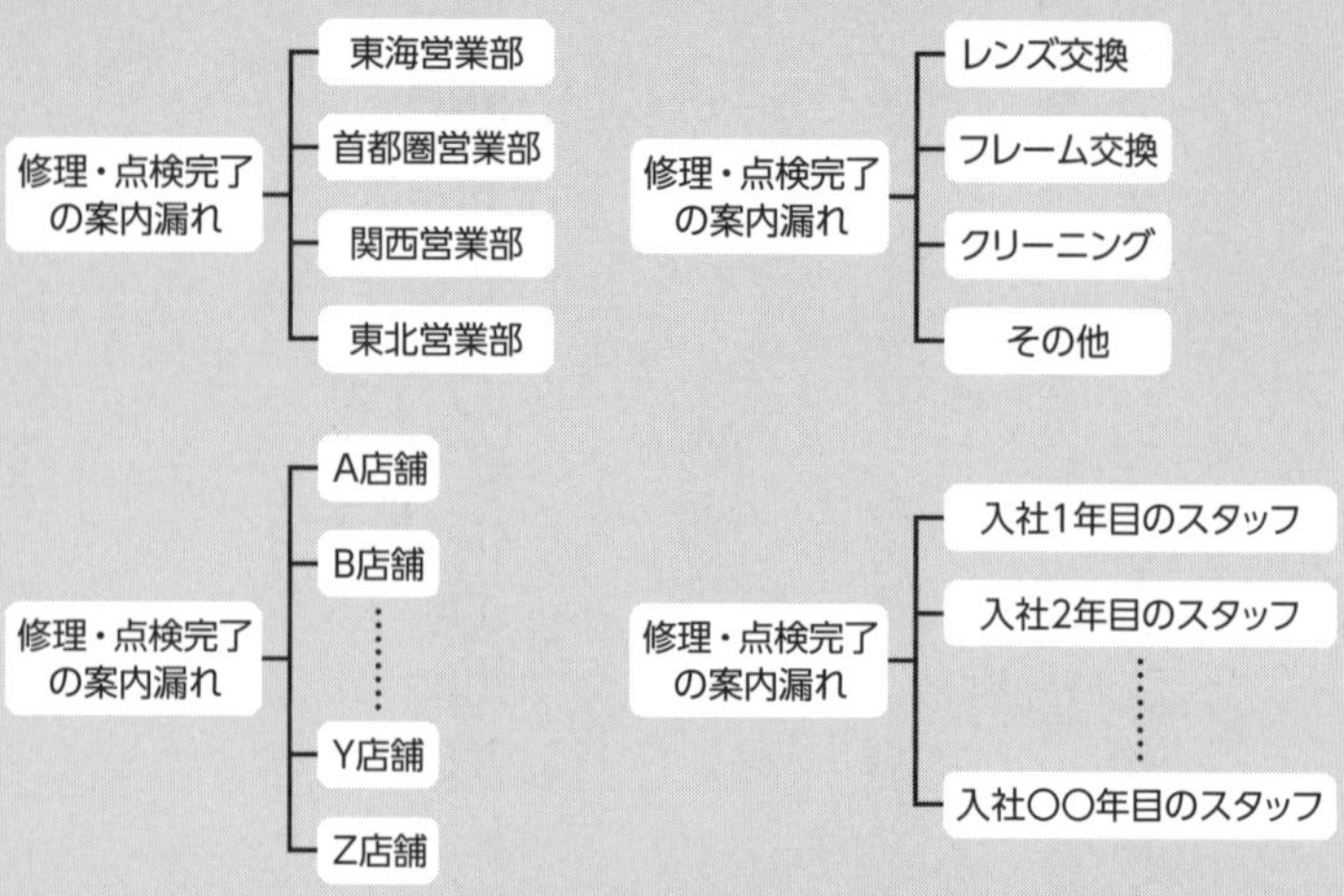

まずは、「全社で月20件発生する修理・点検完了の案内漏れ」という問題をどんな切り口で分解ができるかを書き出してみました（図表13）。

1つ目は、営業部別に分けてみました。2つ目は店舗別です。3つ目は修理・点検の種類別。特定の修理・点検の対応に問題があることがわかるかもしれません。4つ目は、対応したスタッフの年次別です。最近入社した店舗スタッフが増えてきていることをふまえた切り口です。

このように、問題を分解する切り口を考えたら、それぞれの実際のデータ（ミスの発生件数）を確認していきます。すると、問題が起きている場所を明らかにすることができます。
このケースでは、次のようなデータから問題は東北営業部で起きていることがわかりました。

営業部別でのミスの発生件数

東海営業部……3件（昨年同時期　3件）
首都圏営業部……1件（昨年同時期　2件）
関西営業部……1件（昨年同時期1件）
東北営業部……15件（昨年はオープン前のため、データなし）

なお、他の切り口でも問題の発生場所を分析してみましたが、特に傾向は見つけることができませんでした。

ステップ2　原因分析

ステップ1で、案内漏れの多くは東北営業部で発生していることがわかりました。他の営業部ではあまり発生していません。

特定された問題は、「東北営業部の店舗で、お客様への修理・点検完了の案内ができず、待たせてしまっていること」です。これがなぜ起きているのかを探っていきます。その際には「業務改善担当の視点」を思い出しながら、なぜなぜ分析を行います。

情報がなくては分析できませんから、実際にミスが起きた店舗でヒアリングを行いました。

○店舗スタッフ

「この度は、ご足労いただき、ありがとうございます。お客様への案内漏れが発生してしまい、申し訳ありません。

眼鏡の修理依頼を店舗で受けた際は、すぐに工場への修理依頼を社内システムで行います。商品を工場に送ったら、基本的には、修理品の到着を店舗で待ちます。修理が完了したら、工場から店舗に修理完了メールが届き、その1～2日後には商品が店舗に届きます。通常は、その商品が届いたら、すぐにお客様に連絡するのですが、接客が忙しかったのか連絡することを忘れてしまいました。申し訳ありません。

なお、修理品の対応担当は店舗内では特に決まっていません。気がついた人が対応するようにしていますが、だいたい私がやることが多いです。これは言い訳になっちゃうのですが、最近は店舗での接客が忙しくて対応が疎《おろそ》かになってしまっていました。どうしても店舗での接客を優先してしまって、修理・点検完了の案内を忘れてしまったと思います」

このヒアリング結果をもとに、なぜなぜ分析を実施。まずは「行動の原因」を出してみました。その際には、「担当したスタッフが連絡をしなかった」という点だけでなく、「担当者自身が連絡をしていないことに気がつけなかった」ことと、「他の店舗スタッフなども連絡漏れに気がつくことができなかった」ことも記載しました。

続いて、正しい深掘りの順番を意識して、「スキル・知識・マインド・ルール」の原因を書き出したのち、「体調・人間関係・環境・制度」の原因を書き出しました（図表14）。

これらの分析をする際には、「それはなぜか？」と深掘りすることと同時に、「他にはないか？」と隠れた原因を洗い出すことを意識しながら取り組みました。

これでステップ2が完了です。

図表14 メガネフィットの問題（苦情の増加）の原因分析

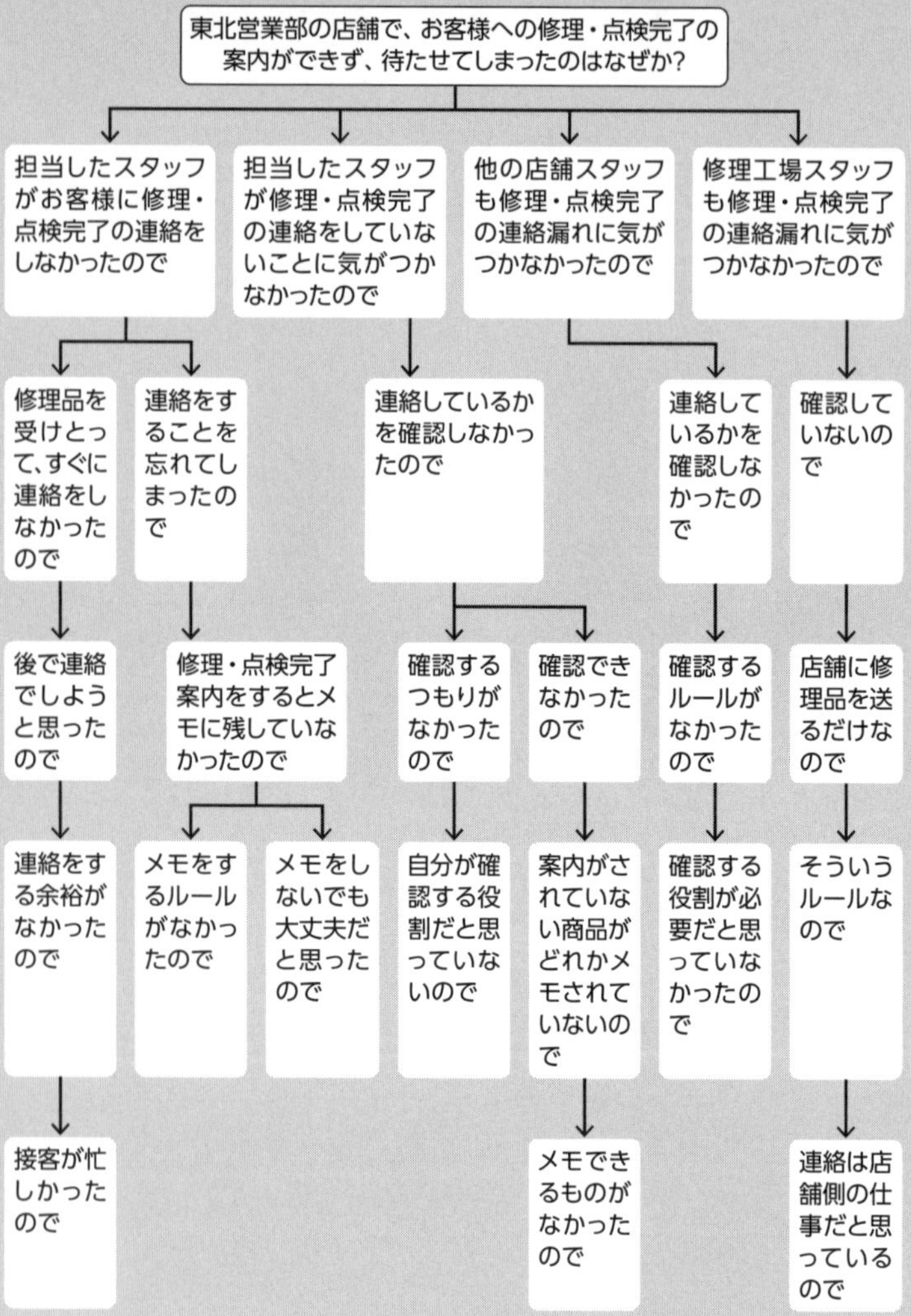
東北営業部の店舗で、お客様への修理・点検完了の案内ができず、待たせてしまったのはなぜか？
担当したスタッフがお客様に修理・点検完了の連絡をしなかったので
担当したスタッフが修理・点検完了の連絡をしていないことに気がつかなかったので
他の店舗スタッフも修理・点検完了の連絡漏れに気がつかなかったので
修理工場スタッフも修理・点検完了の連絡漏れに気がつかなかったので
修理品を受けとって、すぐに連絡をしなかったので
連絡をすることを忘れてしまったので
連絡しているかを確認しなかったので
連絡しているかを確認しなかったので
確認していないので
後で連絡でしようと思ったので
修理・点検完了案内をするとメモに残していなかったので
確認するつもりがなかったので
確認できなかったので
確認するルールがなかったので
店舗に修理品を送るだけなので
連絡をする余裕がなかったので
メモをするルールがなかったので
メモをしないでも大丈夫だと思ったので
自分が確認する役割だと思っていないので
案内がされていない商品がどれかメモされていないので
確認する役割が必要だと思っていなかったので
そういうルールなので
接客が忙しかったので
メモできるものがなかったので
連絡は店舗側の仕事だと思っているので

ステップ3　課題抽出

ステップ2で考えられる原因を洗い出すことができたら、次は「課題抽出」です。ただし、業務ミスの場合には、課題を特定せずに、すべての原因を潰していきます。

ステップ4　解決策立案

いよいよ解決策立案です。

まず解決策を検討するために、ミスがあまり起きていない東海営業部の店長たちに「どのように修理・点検完了の案内を管理しているか」を聞いてみることにしました。

○名古屋駅前店の店長

「あーなるほどねー。確かに忘れてしまいそうになるよね。うちの場合は、工場からの案内メールが来たら、気がついた人が店舗に置いてある対応一覧表に手書きで記入するようにしてもらっているよ。その一覧に書いておけば、対応漏れしている案件があった場合にすぐ気づけるので」

○愛知一宮店の店長

「修理の連絡だけでなく、店舗でやるべき『TO DO』はすべて付箋に書き出すようにしています。シフト制で働いていますので、常に全員が店舗にいるわけではありませんが、気がついたときに誰かが対応できるようになっていると思います」

○岐阜駅前店の店長

「うちの店舗では、特に対策はしないなー。まぁ、うちはベテラン社員が多いし、修理・点検完了の案内は、基本的な業務だから忘れることは考えられないな」

ヒアリングの結果、名古屋駅前店や愛知一宮店では店舗ごとの工夫をしてミスを防いでいることがわかりました。岐阜駅前店では特に対策はしていないものの、ベテランの社員が多いからか現時点ではミスは発生していませんでした。

これらの話をふまえつつ、まずはステップ2で書き出したそれぞれの原因に対して、素直にアイデアを出していきます（図表15）。

図表15 メガネフィットの問題（苦情の増加）の解決策を評価する

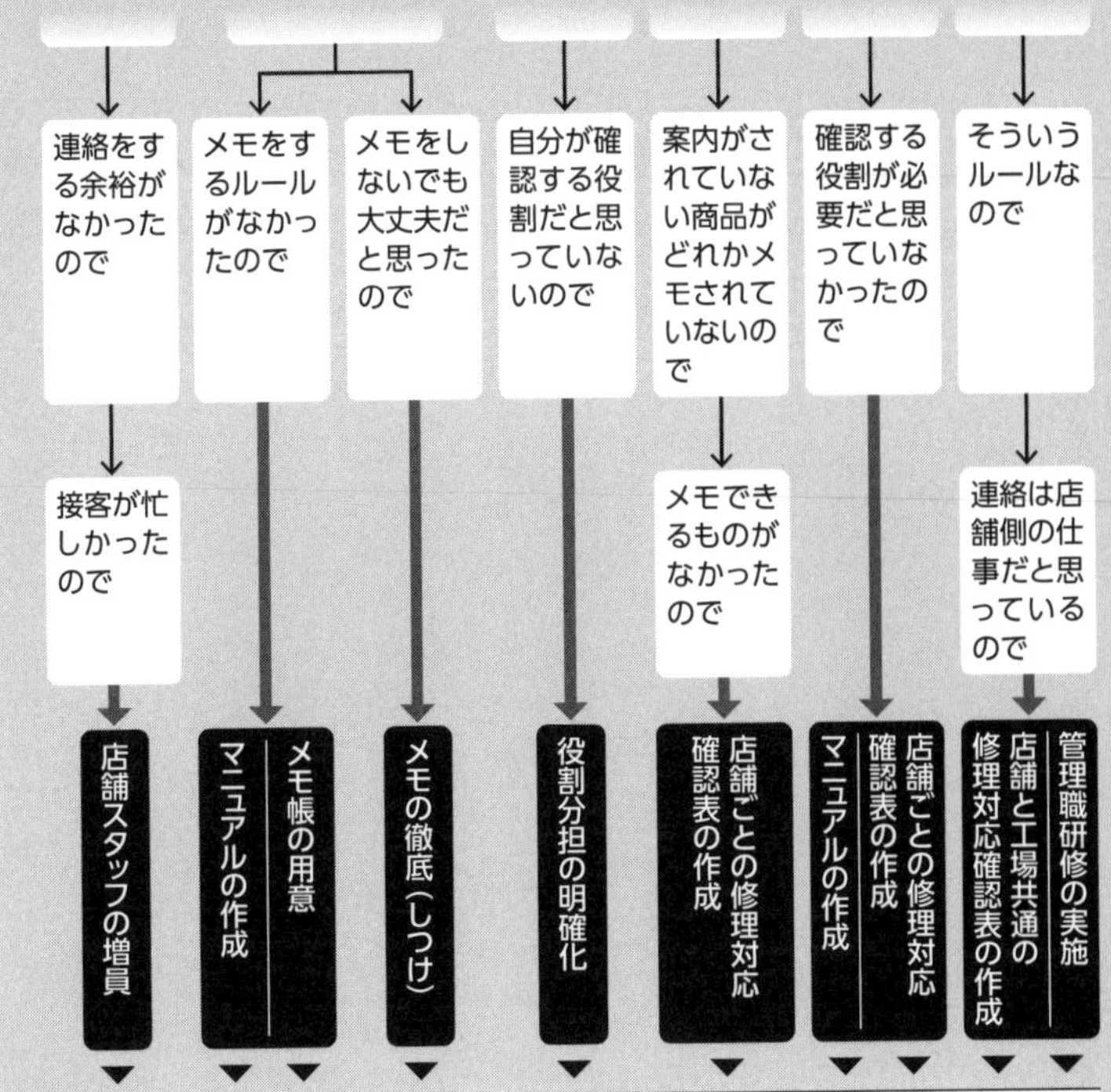
連絡をする余裕がなかったので
接客が忙しかったので
メモをするルールがなかったので
メモをしないでも大丈夫だと思ったので
自分が確認する役割だと思っていないので
案内がされていない商品がどれかメモされていないので
メモできるものがなかったので
確認する役割が必要だと思っていなかったので
そういうルールなので
連絡は店舗側の仕事だと思っているので
店舗スタッフの増員
メモ帳の用意
マニュアルの作成
メモの徹底（しつけ）
役割分担の明確化
店舗ごとの修理対応確認表の作成
店舗ごとの修理対応確認表の作成
マニュアルの作成
管理職研修の実施
店舗と工場共通修理対応確認表の作成

	店舗スタッフの増員	マニュアルの作成	メモ帳の用意	メモの徹底（しつけ）	役割分担の明確化	店舗ごとの修理対応確認表の作成	マニュアルの作成	店舗ごとの修理対応確認表の作成	店舗と工場共通修理対応確認表の作成	管理職研修の実施
インパクト	1	3	4	1	3	4	3	4	5	2
コスト	1	3	4	5	5	4	3	4	4	3
時間	1	3	4	4	5	4	3	4	4	2

5点評価（5点が高評価、1点が低評価）

例えば、「メモをするルールがなかったので」という原因に対して、「マニュアルを作成する」というアイデアが考えられます。

ただ、少しひねくれて考えると、マニュアルを用意しても、実施してくれない可能性もあります。そこで、「メモをするためのメモ帳を用意してあげる」というアイデアも出しておきました。

さらに、解決策を書き出したら、「インパクト」「コスト」「時間」という3つの基準で評価します。各項目を最大5点で評価した結果、一番高い点数を付けたアイデアは、「店舗と工場共通の修理対応確認表の作成」になりました。

今回、メガネフィットの東北営業部で案内漏れが数多く起きた原因は、各店舗で情報を共有する一覧表や付箋を活用していなかったことと言えるかもしれません。

岐阜駅前店でミスが起きていないのは、たまたまと言ってよいでしょう。ベテランだからミスをしないと考えるのは危険です。今後も店舗ごとに対応を任せてしまうと、きっとまたいつか、同じような事象が起きてしまうでしょう。各店舗での工夫は大切ですが、店舗任せにしていたのでは、ミスを限りなく100%近くまでなくすことはできません。

そこで、この問題を各店舗の行動や仕組みが原因と捉えるのではなく、全社単位で対応すべきであると考えました。つまり、工場と店舗の連携で連絡ミスの発生をなくすのです。店舗で連絡漏れが起きたとしても、工場側が確認する仕組みになっていれば、大幅に連絡が遅れることは防げます。

検討の最終段階にきましたが、ここで、勇気を持って「そもそも」と言ってみましょう。そうすることで、根本的な問題解決につながる策を思いつくかもしれません。

そもそも、なんで店舗が案内をしなければいけないのでしょうか？　工場側が店舗に修理・点検が完了したと連絡する際に、一緒にお客様に通知すればよいのではないでしょうか？　さらに、そもそも、なぜお客様に連絡をしなければいけないのでしょうか？

工場側が眼鏡の修理状況を管理しているわけで、その状況を逐次、お客様も見ることができるようにすれば、今、修理・点検がどの状況になっているかをお客様が確認することもできます。すると、お客様へ連絡する必要自体がなくなります。

今回のメガネフィットのケースでいうと、すぐにそこまでのことはできないと思うかもしれません。しかし、変えられない理由は何でしょうか？　システム開発が追加で必要なのですぐにできないのかもしれません。しかし常に、抜本的な改革を行う可能性を模索すべきです。現状維持ではなく、大胆な一手を最後の最後まで探っていく姿勢が新たな気づきを生み出し、大きなインパクトにつながるのです。

第2章

「営業の視点」で売上目標を達成し続ける

――2つめの武器「構造化」

ビジネス環境のあらゆる変化に対応して売上目標を達成し続けるには、営業現場で戦略を立て、現場でPDCA〈Plan〈計画〉・Do〈実行〉・Check〈評価〉・Action〈改善〉〉を回し、前例踏襲型ではない効果的な問題解決をスピーディに実現することが求められます。

この章では、そんな問題解決を実現するためのコツについて、【ステップ1：問題分解⇒ステップ2：原因分析⇒ステップ3：課題抽出⇒ステップ4：解決策立案】の流れに沿って、ケーススタディを交えつつ解説していきます。

ケーススタディ

目標額に達していない売上をいかに伸ばすか？

第2章の舞台は、メガネフィットの法人営業部。あなたはマネージャーとして働いています。営業メンバーは3名です。

法人営業部は、3年前にできた新しい部署です。業界初の取り組みとして、競合他社が老人ホームや介護施設などの高齢者施設や病院にアプローチしていることを知り、メガネフィットも法人営業部を立ち上げました。

高齢化が進んだ昨今は、老人ホームや介護施設で生活する人も増え、眼鏡屋に気軽に行くことができない人が多くなっています。すなわち、眼鏡を新調したいけれども、外出の機会もなかなかなく、古い眼鏡をずっと使っている方も数多くいると考えられます。そこで、高齢者施設や病院を訪問し自分に合った眼鏡を提供するお手伝いをすることで、売上向上を図る戦略です。

まずは、高齢者施設や病院に電話したり、直接訪問したりして、担当者にご挨拶するところから営業開始。そして、メガネフィットのサービスの紹介を行います。

そこで興味を持っていただけるようであれば、ポスターやチラシをお渡しして、高齢者施設の入居者や病院の入院患者の方々にメガネフィットの訪問販売サービスを案内していただきます。

購入希望の方には、施設の担当者を通じてお申し込みいただき、メガネフィットの訪問日を決定します。事前に、現在かけている眼鏡の特徴のほか、どのような眼鏡の購入を希望しているかといった情報も教えてもらいます。

その情報をもとに、訪問日には眼鏡のフレームを20～30個をお持ちします。食堂などのスペースで検査を行い、お持ちしたフレームの中から希望するものを選んでもらいます。眼鏡のお渡しは当日か、もしくは、後日、改めて行います。

お申し込みは、ご本人からだけでなく、ご家族からの場合もあります。訪問日にご家族が立ち会ってくださることもよくあります。

担当するエリアでは同様の訪問サービスを競合2社が実施しています。

競合企業 ※どちらも架空の会社

①メガネ365

②みんなのメガネ

訪問サービスを業界に先駆けて実施したのは、メガネ365です。その動きに追随する形で、みんなのメガネが同様のサービスを開始。同じタイミングで、メガネフィットも法人営業部を立ち上げました。

眼鏡の訪問販売市場は新しい市場であるために、世の中に調査データが発表されておらず、自社のマーケットシェアはわかりませんが、エリアにある施設のうち、60施設と取引ができています。お客様の平均購入単価は店舗販売より高く、約4万円となっています。

立ち上げ後2年間は順調に伸びてきていましたが、3年目に入って売上が伸び悩んでいる状況です。

1年目の売上は1500万円。2年目の売上は2700万円。3年目（今年）の売上は3000万円です。3年目の目標は5000万円だったため、大幅に未達となってしまいました。今はちょうど3年目が終了するところです。

序章で「問題とは、あるべき姿（目標）と現状との差のこと」と説明しましたが、ここでは今年の目標と売上のギャップである2000万円を埋めることが解決すべき問題となります。


なお、このような場合、市場動向も見ておくと、「どのような問題に取り組むか」の認識がクリアになります。「市場規模は伸びているのか」「マーケットシェアの推移はどのようになっているのか」も確認できる場合は調べておきましょう。

例えば、市場規模が横ばいの中で、マーケットシェアを落とし、売上が伸びていないのであれば、他社に比べて競争力が弱くなっていることを意味します。つまり、営業のやり方が下手なので、その方法を見直さなければならないということです。

その一方で、マーケットシェアが落ちていない状況でも、市場規模が縮小傾向であるために売上が伸びていないというケースもありえます。その場合は、市場環境が厳しい中で、いかに売上を上げていくかを考えていくことになります。

今回のメガネフィットのケースでは、市場が伸びている中でシェアを拡大できていない状況と言えそうです。

さて、あなたなら、この問題にどう取り組みますか？

営業の視点とは

このような問題に対処する際に必要となるのが、「営業の視点」です（図表16）。

これは、売上目標を実現するために営業が持つべき俯瞰《ふかん》図です。売上目標の実現に関係する要素は、営業の個人力や組織力、そして自社および競合の戦略など多岐にわたります

図表16 営業の視点&ステップ

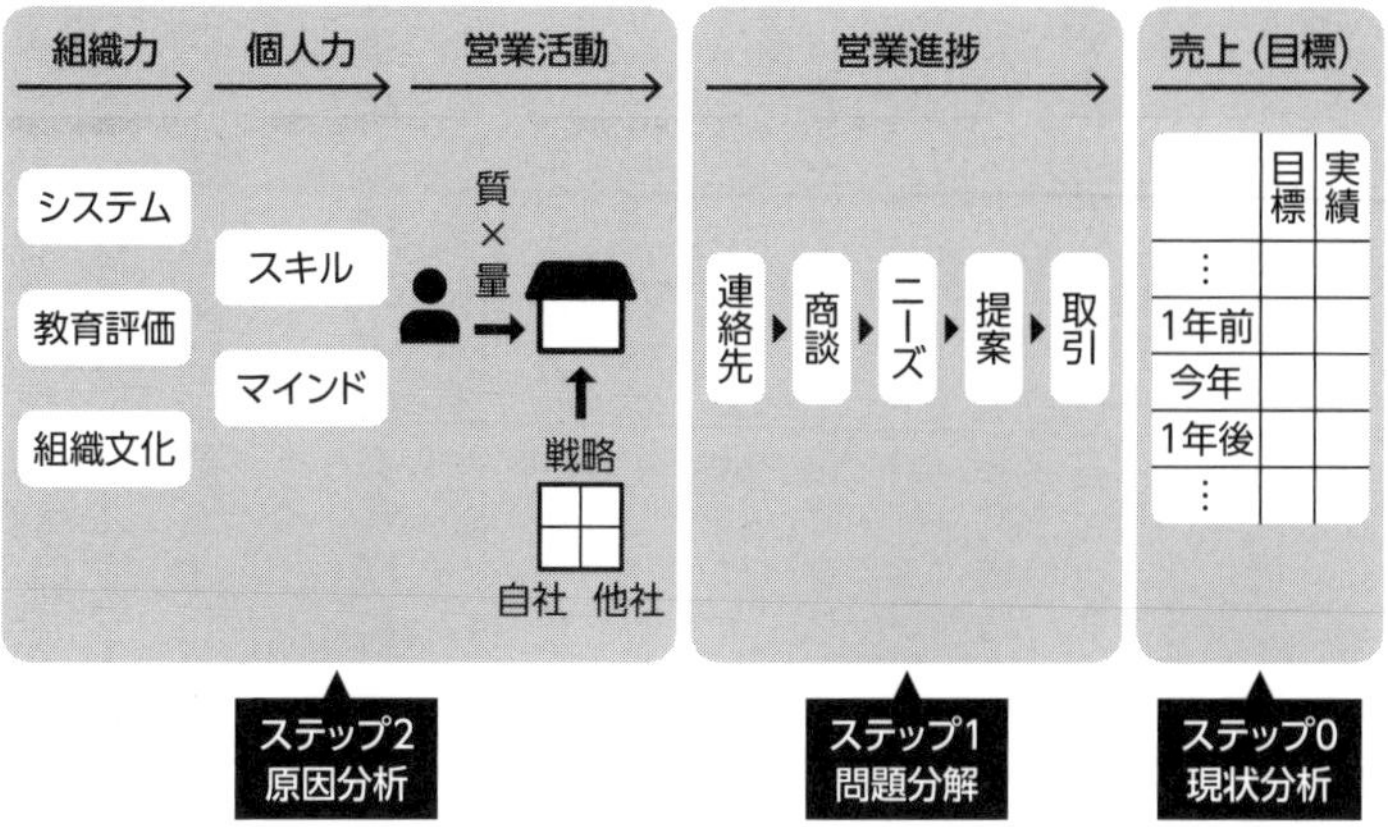

が、ステップを踏みながら営業の視点を活用することで、それぞれがどのような状況なのかを俯瞰的に理解することができます。

つまり、**これ1枚で営業活動を考えることができる**ということです。

物事を俯瞰的に考える「構造化」

今多くの会社の営業現場で、戦略を立案することが求められています。全社としての重点商品などについてはトップダウンで大まかな目標が指示されるものの、それを具体的にどう拡販するかは現場で考えなくてはならないということです。

支社長や営業所長であれば、担当するエリアや領域での戦略を考え、部署全体の営業戦略を考えることが求められます。また、一人ひとりの営業メンバーも自らが担当するお客様の状況や業績を見て、個人としての営業戦略を考えなくてはなりません。

営業戦略とは、「どのお客様に、どのような営業活動を行うのか」を決定することです。これまで通りの営業活動をしていくと目標達成が難しい中で、「今までと何を変えていくのか」を考える必要があります。

しかし、現場で戦略を立てろといわれても、なかなか難しいものです。営業の戦略立案の方法について、学べる教材は少ないと思います。

実際に考え始めると、気になることが多数出てきます。お客様のこと、競合のこと、商品力、価格、値引きキャンペーン、営業力、モチベーション、さらには、新型コロナウイルスの影響によるリモート営業の推進など……。このようなことを一つずつ検討していくのでは非常に効率が悪いと言えます。

一方で、直感を頼りに気になる部分をモグラたたき的に検討していっても、それが効果的かどうかは怪しいという現実もあります。しかし、経験豊富な営業であればあるほど、これまでの経験に頼った行動になってしまいがちです。

さらに、営業という役割上、じっくり考える時間を取ることが難しいという事情もあります。日中はお客様を訪問し、帰社すれば明日の提案の準備や日報の入力に追われる……。自らの行動をじっくり考える時間を確保するのが難しいため、日々の営業の中での感覚を頼りにして、偏りのある部分的な情報だけを信じて、次の一手を決めてしまうのです。

人間にはどうしても見たい部分の情報だけを見てしまう傾向があります。営業活動に集中しているとどうしても「目の前のお客様にどう買ってもらうか」に注力しがちです。しかしそれでは、真にインパクトのある結果を出すことは難しいと言えます。

そこで、物事を俯瞰的に考える武器が必要になるのです。

その武器こそが、「営業の視点」を使った「構造化」です。

構造化とは、物事の関係性を1枚にまとめて、それぞれの因果関係を理解することです。構造化して考えることで、「なぜ売れないのか」「どうすれば売れるのか」という営業活動の全体の関係性を把握することができます。

さらに、営業活動に関わる要素の関係性を理解することで、「何を変えれば、一番インパクトを出すことができるのか」という効果的なアイデアを考えることができるのです。

ステップ1

問題分解
——構造化の第一歩は営業進捗の分析

売上が伸びていない場合、すぐに原因探しに行きたくなりますが、これまでも繰り返し説明した通り、**まずは「問題がどこで発生しているか」を知るために問題分解（どこどこ分析）から始めます。**

例えば、商品別やエリア別の数値を確認します。売れていない商品やエリアを発見することができれば、そこで問題が起きていると確認できます。

さらに、「営業の視点」で問題分解する際は、営業進捗の分析も欠かせません。

営業進捗の分析とは、「担当するお客様に対する営業活動プロセスを、どこまで進めることができているか」を数字で確認することを意味します。

営業活動プロセスとは、「お客様の連絡先を知り、商談機会を獲得し、ニーズを聞き、提案を行い、受注し、リピートにつなげる」という営業の一連の流れのことです。それぞれの段階に、どれくらいの数のお客様がいるかを分析することで、どこで営業が滞っているかを確認できます。
例えば、商談機会は獲得できているけれども、受注につなげることができていないことがあります。その場合は、次のステップ（原因分析）で「なぜ商談機会は獲得できているが、受注できないか」を探ります。もし、新規受注は獲得できているが、リピートにつながっていないのであれば、原因分析でそれはなぜかを探ります。

営業進捗を確認する際には、その時点での状況を見るだけでなく、過去との比較をすることで、営業が順調に進んでいるかが一目瞭然となります。

例えば、担当する顧客を引き継いだ場合、引き継ぎ後に営業進捗がどれだけ改善したのかで営業活動の成果がわかります。３カ月前の状況と比較して、変化がなければ、営業の効果が出ていないことになります。

また、業績がよい場合、現状の営業進捗の状態を見て、「悪くない」と判断してしまうことがありますが、これも要注意です。その瞬間はよいのですが、継続的に業績を上げ続けるためには、営業進捗を改善し続ける必要があるからです。

営業活動の成果を数値で確認し、営業目標を達成するためには、営業活動プロセスのどこを改善しなければいけないのかを明らかにするのが、問題分解の目的になります。

お客様の心理状況を理解する

さらに、原因分析に進む前に行っておきたいことがあります。

それは、問題が起きている営業活動プロセスのお客様の心理を理解することです。「お客様が、なぜ自社の商品を買ってくれないのか、興味を持ってくれないのか」を把握します。

それも、一人のお客様との会話だけで確認するのではなく、複数のお客様の声を丁寧に聞きます。そうすることで、今の状況を深く理解できます。

人間は、一人のお客様から話を聞くと、それがすべてであるかのように勘違いしてしまいがちです。

例えば、あるお客様から「他社のほうが安いから、そちらを活用している」という話を聞くと、「やっぱり自分が売れないのは価格のせいだ」と決めつけてしまいたくなります。

都合のよい一つのデータからすべてを語りたくなってしまうものですが、それは必ずしも正しいとは限りません。複数のお客様からヒアリングすることで、問題の発生場所を定量的、かつ、定性的に確認します。

ステップ2

原因分析
——穴埋め感覚で原因を探る

問題の発生場所がわかったら、次は原因分析に入っていきます。

「なぜ、売れないのか」という原因の仮説を作り、事実を確認します。

その際に、よく起きてしまうのが、自分が気になる原因に仮説を誘導してしまうことです。それを「自分の気になる部分だけを見てしまう症候群」と呼んでいます。その場合の流れは次のようになります。

《直感で思いついた仮説を出す　↓　事実を確認する》

思いついた仮説の精度が高ければ問題ないのですが、得てして部分的になってしまうものです。営業の最前線で戦っていると、直近の営業活動での出来事から類推された原因がすべてであると感じてしまうことがあります。

また、自分自身の営業活動に何かしら落ち度があったとしても、それを自分自身で気づくことは難しいものです。自分の営業の質が他人よりも低いとは誰も認めたくないので、自分以外のところに原因があると仮説を出します。すると、都合の良い仮説ばかりを出してしまうのです。

このように直感で思いついた仮説だけを信じて、事実を確認したとしても、それは自分が気になる部分、もっと言えば、見たい部分だけを見ていることにしかなりません

直感で思いつく仮説自体は大切にしたいですが、それだけでは不安が残ります。

構造を作ってから仮説を出す

そこで、問題と原因の全体像を描いて、仮説を追加します。原因分析の流れは次のようになります。

《直感で思いついた原因仮説を出す　↓　「営業の視点」を意識して構造を作る　↓　原因仮説を追加する　↓　事実を確認する》

100ページで紹介した「営業の視点」を持っていれば、営業として見るべき要素を見

逃すことがありません。ここで見なければいけない要素は、次の通りです。

- **営業活動**……営業の質×量
- **個人力**……営業のスキルおよびマインド
- **組織力**……営業活動を支えるシステム、教育評価、組織文化
- **自社戦略**……ターゲットセグメント（誰をターゲットにしているのか）
- **他社戦略**……ターゲットセグメント（誰をターゲットにしているのか）

「これらを調べなければいけない」と認識しておくことで、知りたいことだけを知ろうとすることがなくなります。

「営業の視点」はチェックリストでもあるということです。

このチェックリストを使って、問題を構造的に捉えることで、見るべき事実を確実に見ることができます。

穴埋め感覚で原因の仮説を出す

問題の構造化ができたら、穴埋め感覚で原因の仮説を追加していきます（図表17）。と同時に、仮説を検証するための事実データも収集します。

原因の仮説は、例えば、次のようになります。

●営業活動

・営業の質が低下していないか？（お客様の気持ちを理解できていない、提案内容がずれている）

・営業の量が低下していないか？（訪問件数、アプローチ数など）

●個人力

・営業個人のスキルが低下していないか？（提案力、ヒアリング力など）

・営業個人のマインドが変化していないか？（モチベーション）

図表17 穴埋め感覚で仮説を出す

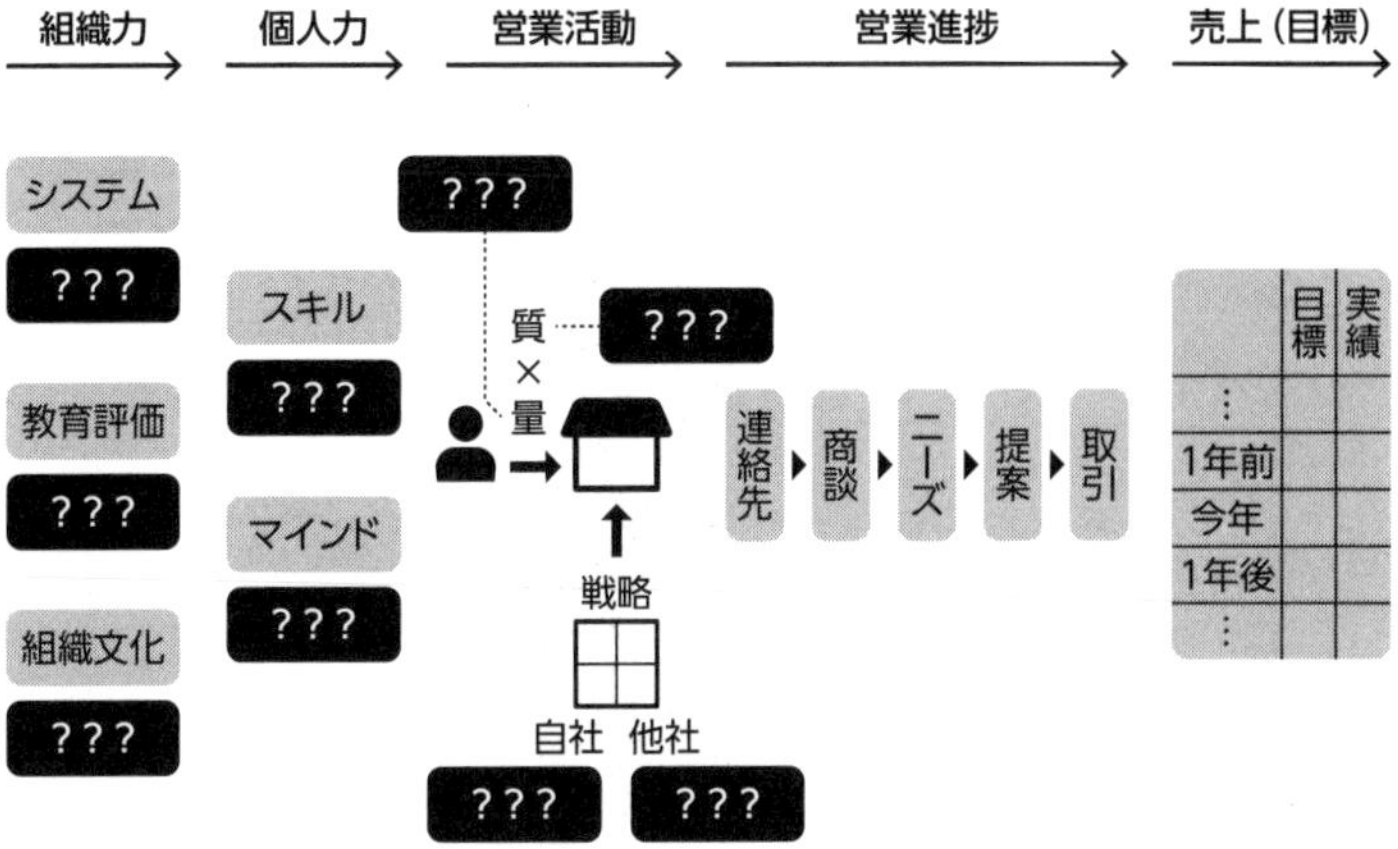

●組織力

・営業活動を支えるシステムに原因はないか？（顧客管理システム、提案ツールなど）

・教育評価に何か原因はないか？（人材研修や評価制度など）

・組織文化に原因はないか？（雰囲気や文化など）

●自社戦略

・自社は誰をターゲットにしているのか？

・そのターゲットにどうアプローチするのか？

・そのターゲットに自社を選んでもらえる理由は何か？

●他社戦略

・他社は誰をターゲットにしているのか？

・そのターゲットにどうアプローチするのか？

・そのターゲットに他社が選んでもらえる理由は何か？

ステップ3　課題抽出
——問題が起こる構造を一文にまとめる

問題が起こる原因（事実）を洗い出したら、課題を明らかにします。序章で説明した通り、課題とは「問題を引き起こす事実の中でも、特に直すべき事実のこと」です。

問題は複数の原因が絡み合って発生しているため、「特に何を直すべきか」を一度課題としてまとめる必要があります。つまり、問題を引き起こす原因を一つずつ、モグラたたきのように直していくのではないということです。これをすることで、次のステップ4の解決策立案に進むことができます。

課題をまとめる3つのコツ

言い方を変えれば、「ここを直せば問題は解決する」と表現するということですが、わかった大量の事実をもとにまとめあげる行為であるため、問題解決プロセスの中でも非常に難しいと言えます。

しかし、**「どのように書けばよいのか」のルール（制約）を決めておくことで、うまく表現することが可能になります。**意識したい3つのコツとして、そのルールをご紹介します。

1 因果関係を一文にまとめる

1つめのコツは、「問題が起こる構造（因果関係）を一文にまとめる」です。

因果関係とは、問題と原因の関係のことですが、それを一文で表現することで、「問題が起こる流れ（今起きている状況）」を確実に表現できます。複数の文にしてしまうと、問題と原因の関係が見えづらくなります。

典型的なまとめ方はこうなります。

「課題は、●●という背景があって、××という営業活動をしていることである」

●●という部分には、「営業の視点」でいう「戦略」や「個人力・組織力」に書かれた点を入力します。××には、「営業活動」について記述します。

この典型的なまとめ方を利用することで、「売上が上がらない営業活動の直接的な原因はどこにあるのか」と「その背景にはどのような原因が潜んでいるのか」を明らかにすることができます。つまり、問題が起こる構造を理解することができるということです。

2 短くまとめる必要はない

課題をまとめた文章は、とても長くなることがあります。**課題は、無理に短く表現するのではなく、長くてもよいのです。**

上司から、「課題は何だ！」と言われると短くまとめたくなりますが、課題は長く表現できているほうが因果関係を丁寧に捉えることができていると言えます。

3 具体的な言葉で表現する

問題解決は実務での具体論です。つまり、課題は「ここが悪い＝ここを直せばよい」と一文で具体的にまとめたものでなくてはなりません。

抽象的な言葉でシンプルにまとめるほうが社内で浸透させるためにはわかりやすいと思いますが、今はそのフェーズではありません。

課題が抽象的な表現になってしまうと、解決策立案も芯を外したアイデアになってしまう可能性があります。

例えば、自社の課題を「らしさを失ったから」と表現してしまうと、どんな「らしさ」を失ったのかがまったくわかりません。解決策立案に進んだとしても、何を考えればよいのか解釈の幅が大きくなってしまいます。

笑ってしまうかもしれませんが、自社のこれまでの取り組みに対する強い反省がある場合、このように抽象度が高い表現をしてすべてが駄目だったと総括をしてしまうことがあるのです。しかしそれでは、具体的な解決策立案につながりません。

課題を具体的に表現することで、これまでつかんだ情報を手放さずに解決策立案に進むことができます。

まとめた後でもう一度確認する

課題抽出を終えたタイミングで、「本当にそれが課題なのか」を確認します。自分自身の認識を疑い、さらに情報が必要であれば集めましょう。

課題抽出までの流れが、もしスムーズに進んでいるのであれば、逆にまずいかもしれません。問題解決は、自分の認識を確認する作業ではありません。

もし、ここまでの作業が自分のこれまでの認識通りに進んでいるとするならば、これまで通りの解決策立案になってしまいます。それでは、インパクトのある解決策を打ち出せる可能性は低いと言えます。

そこで、「自分の認識は本当に合っているか」ともう一度疑ってみるとよいでしょう。自らの思考を疑うスキルは、クリティカルシンキングともいわれます。日本語でいえば、「熟考」となります。スムーズに問題解決が進んでいるときこそ、じっくりと考えてみる。問題解決は焦らずに時間をかけて進めていきます。

ステップ4 解決策立案
――構造を変えることができるのか

課題が抽出できたら、解決策立案に取り組みます。**「これまでの営業活動と何を変えるのか」「その結果、何が変わっていき、最終的に売上目標達成にどうつながっていくのか」を考えます。**

実際の営業活動の現場では、変えられることが限られているのは事実です。例えば、営業の立場で、商品自体の変更や価格の見直しはできないでしょう。

ただし、やれることだけやるのではいけません。例えば、結局やれることは社内の勉強会だけというのでは、インパクトが期待できる解決策立案とは言えません。

次のように「営業の視点」を意識しながら、「何を変えるのか」を考えます。

- ターゲットの見直しを行うのか？
- 営業活動の質および量をどう変えていくのか？
- 営業のスキルおよびマインドをどう変えていくのか？

●営業組織のシステム、教育評価、風土をどう変えていくのか？

すべての要素を変えていくというよりも、問題を解決するために変えるべきところを特定し、そこを変えることで、問題を起こす構造を変え、好循環を起こしていくことを目指します。

構造を変えるヒントは外にある

解決策を考える際に、自分たちの部署だけを見ていると行き詰まってしまうことがあります。これまでと異なるユニークでインパクトのあるアイデアを出すために、部署の外にあるヒントを活用します。

成功している競合他社の情報をつかむのは大変なので、まずは「自社の中にヒントがないか」、他部署の成功事例などを調べてみましょう。

業績が良いからには、その理由があるはずです。高い業績をあげている部署と自部署の違いはどこにあるのでしょうか？

「営業の視点」を活用しながら、次のような順番で構造の違いを探っていきましょう。

■売上目標に違いはないか？

業績の良い部署は、そもそもの目標の設定方法を変えている可能性があります。何を目標にしているか確認します。

さらに、市場環境に関する認識も確認しましょう。市場規模やマーケットシェアの動向を確認したうえで、どのように問題を定義しているかを確認しましょう。「戦っている市場環境が違うので、うまくいっている」という可能性もありますが、まずは売上目標の認識から確認します。

■営業進捗に違いはないか？

ここ数カ月の営業状況で、営業進捗にどれくらいの違いが出ているのかを比較してみましょう。営業進捗のどこに違いが出ているかを明らかにすることができれば、「何がその部署の成果に結びついているか」が理解できます。

■営業の「質×量」に違いはないか？

日々の行動を知るために商談に同行させてもらうのも一手でしょう。

また、高い業績を残している営業メンバーの1週間のスケジュールを見るだけで、その行動の質や量の違いを感じることができます。

■個人力に違いはないか？

高い業績を残している営業メンバーに話を聞いて、「営業個人のスキルや営業のマインドの違い」を探ってみましょう。その際も、適当に質問をするのではなく、事前に「何を聞きたいのか」をリストアップしておきます。

また、会社で過去に実施した適性アセスメントや能力テストなどがあれば、確認します。そういったデータから個人ごとの適性・資質やスキルレベルを知ることができます。

そういった客観的な評価が手元にない場合には、自分なりの基準を設けて点数付けをしてみるのも一つの手段です。個人で採点していると、どうしても感覚ベースになってしまうことがありますが、採点基準を言語化しておくと、採点のブレを少なくすることができます。その結果を他の人にも見てもらい、納得感があるかを確かめてもらえば、立派なファクトデータとして活用できます。

■組織力に違いはないか？

業績の良い部署は、個人力が優れているだけでなく、組織力が優れているケースがあります。「営業活動に集中できるようなシステム（仕組み）を用意していないか」を探ってみましょう。仮に同じシステムを使っているとしても、活用方法に違いがあるかもしれません。

教育や評価方法の違いが営業のスキルやマインドの向上につながっているケースもあります。マネージャーと営業メンバーの間での定例会や1on1（1対1）コミュニケーションの実施有無や頻度などに違いがあるかもしれません。

さらに、組織風土に違いがあるかもしれません。実際に、業績の良い営業所を訪問すると、その組織の空気を感じることができると思います。

■戦略に違いはないか？

戦略とは、「どのお客様をターゲットにするのか」と「そのお客様に対してどのようにアプローチするか」を決めることです。業績の良い部署はどういったお客様に重点的にアプローチしているのか」を知ることが重要です。

このように、「営業の視点」で幅広く業績の良い部署と比較することでヒントが得られるはずです。

加えて、別業界の成功事例を集めてみることをおすすめします。今はリモート営業が普及してきており、その成功事例がたくさん生まれています。リモート営業と検索して最新事例を探したり、トップ営業の方の書籍やセミナーをチェックしてみたりするのもよいでしょう。

KPIを設定するコツ

解決策を決定したら、いよいよ実行です。具体的な行動に落とし、営業活動を行います。

その際、**「何を数字としてモニタリングするか」を事前に決定し、その状況を見ながら、作戦を変更していきます。**営業は短期戦ではなく、長期戦です。営業活動を変えたからといって、翌日に成果が出るというものではありません。**1カ月、3カ月、6カ月、1年単位で作戦の軌道修正をしながら前に進めていきます。**

また、商品・サービスによって成果が出るまでの期間は異なってきます。自分の取り扱っている商品の特徴を抑えて、作戦変更の期間を決めていきます。

営業の状況を確認するために、ＫＰＩ（Key Performance Indicator）を設定しましょう。**ＫＰＩとは「中間指標」のことです。最終指標はＫＧＩ（Key Goal Indicator）と呼ばれ、営業の場合は売上です。**ＫＧＩを達成するには、どのような中間指標（ＫＰＩ）を伸ばせばよいのかを事前に決定し、その数値をモニタリングしていきます。

ＫＰＩを設定する際意識すべき点は３つあります。

1 わかりやすい数値のほうがよい

ＫＰＩにわかりやすい数値を設定することで、その数値を伸ばしていこうと誰しもが努力しやすくなります。ＫＰＩの数字自体の定義が複雑で、計算が難しいと、日々の運用が混乱してしまいます。凝りすぎたＫＰＩはやめておきましょう。

また、その数値の定義が曖昧だと、評価のタイミングで揉めてしまうことがあります。よくあるケースが、他部署と自分の部署でＫＰＩの計算方法が違い、その数値自体の比較が難しくなってしまうことです。日々の営業活動の質を高めようとせっかく努力しても、不平や不満につながってしまうのではもったいないです。

②多くても3〜4個くらい

KPIの数は、多すぎないように気を付ける必要があります。5つも6つも設定してしまうと、営業が「何に注力すればよいのか」を判断することが難しくなります。

今の時代、営業活動に関するさまざまなデータが可視化されてきていますが、重要なKPIは多くても3〜4個くらいが適切です。もし1つか2つに絞れるのであれば、そのほうがよいでしょう。

取扱商品数が多く、複数の商品領域を担当している営業の場合、KPIの数を多くしたい気持ちは理解できます。しかし、KPIは現場の営業の行動を変えるためのものです。数を多くして行動に戸惑いを生むよりも、KPIの数を少なくして迷いなく営業行動に邁《まい》進《しん》できるようにしたほうが得策です。

③数値がつながっている

複数のKPIを設定する場合には、その数値のつながりを意識し、業績が上がる構造(行動と結果の関係)を考えます。具体的には、「営業の視点」をもとに、図表18のようなつながりを意識しながら俯瞰的に考えます。

図表18 KPIのつながり

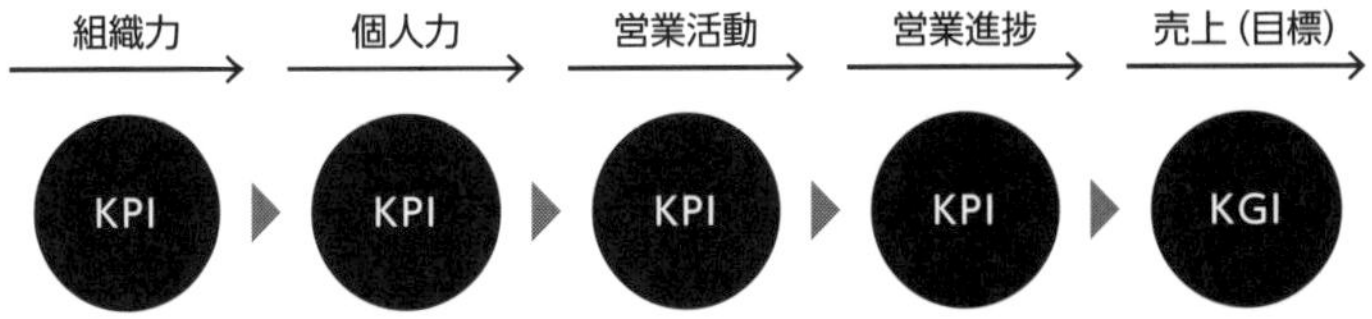

組織力を上げることが、個人力を上げ、その結果、営業活動の質および量が高まっていきます。それによって、営業進捗が改善し、売上アップにつながっていきます。それぞれにＫＰＩを設定し、その変化を定期的に確認しながら営業活動を推進していくとよいでしょう。

さらに、ＫＰＩを設定する際には、競合企業のＫＰＩを勝手に想像してみるのもおすすめです。つまり、「どのような営業行動に出てくるか」という競合の戦略を予測するのです。

これをすることで、「競合はこう出てくるが、自社はこういう行動を重視するので業績を伸ばすことができる」といった深い思考を実現できます。

このように営業の問題解決とは、「営業の視点」で俯瞰しながら戦うゲームのようなものです。「お客様に自社商品・サービスを選んでもらい売上目標を上げる」というゴールに向けて、「何をKPIにするのか」を考え、「KPIを伸ばすための営業活動」を行い、一定タイミングごとに作戦変更を行います。そして、売上目標達成の実現を目指します。

▼　▼　▼

続いて、この章でもケーススタディを使って、武器の活用イメージをつかんでいきましょう。

ケーススタディ　実践編

目標額に達していない売上をいかに伸ばすか？

ステップ1　問題分解

ケーススタディの舞台となるメガネフィットの法人営業部では、3年目（今年）の目標と実績のギャップである2000万円を埋めることが解決すべき問題でした。

問題解決は問題分解から始まります。まずは営業進捗を確認して、営業活動プロセスのどこが滞っているのかを明らかにする必要があります。

ここで、メガネフィット法人営業部の営業活動プロセスの実態を確認しておきましょう。

①連絡先を知っている……先方の担当者の氏名、メールアドレス、電話番号を知っている

②商談の機会がある……自社サービスの申し込みと実施の流れをお伝えしている

③募集してくれる……施設内で訪問販売サービスを募集していただいている

④取引あり……施設利用者から注文をいただいている

⑤リピート取引……同じ施設内で2年連続注文をいただいている

続いて、営業活動プロセスの各段階について、1年前から今年の営業進捗の変化を確認します（図表19）。

1年前から今年の営業進捗の変化

※括弧内の数値は2年前から1年前の変化

①「連絡先」の顧客増加数　＋20（＋20）
②「商談」の顧客増加数　＋5（＋10）
③「募集」の顧客増加数　＋5（＋15）
④「取引有」の顧客増加数　＋6（＋24）
⑤「リピート」の顧客増加数　＋16（＋24）

営業進捗の分析からわかったことをまとめます。

● 連絡先は増えているものの、商談と募集が微増にとどまっており、初回取引が増えていない。
● 初回取引顧客の多くがリピートしてくださっている。

さらに、お客様の声を聞いてみることで現状の認識を深めていきます。

図表19 **メガネフィットの営業進捗の分析**

	2年前	1年前	今年
エリア内施設合計	300	300	300
①連絡先を知っている（連絡先）	90	110	130
②商談の機会がある（商談）	60	70	75
③募集してくれる（募集）	45	60	65
④取引あり（取引有）	30	54	60
⑤リピート取引（リピート）	0	24	40

数値は各プロセスまで進捗している顧客数合計を表している

自社を利用しているお客様の声

○大規模高齢者施設　担当者様

「メガネフィットさんのサービスには本当に助けられています。今まではご家族とスタッフが付き添って眼鏡屋さんに行かなければいけないところ、こちらに来ていただけるのですから。こういったサービスははじめて使いました。今は他の眼鏡屋さんも同様のサービスをしているみたいですが、こういったサービスは一つあれば十分なので、他の会社に追加で依頼するつもりはありません」

○大規模病院　担当者様

「メガネフィットさんのサービスを2

年前から利用しています。入院されている患者さんから喜ばれています。おそらく、かなり前に購入した眼鏡を利用している方が多かったと思いますが、体が不自由な患者さんが独力で眼鏡を購入することは難しいと思います。当日も丁寧な案内をしていただけるので、利用者の評判も非常によいですよ」

競合のお客様の声

○大規模病院　担当者様（※メガネ365、みんなのメガネを利用）

「私たちの施設は、メガネ365とみんなのメガネ、2つの会社のサービスを利用しています。最初に利用したのがメガネ365。その後、みんなのメガネとメガネフィットの2つの会社さんに提案してもらったのですが、みんなのメガネのほうが、ラインアップが豊富だったので、そちらに決めさせていただきました。メガネフィットが決して悪いわけではないのですが、来てもらう眼鏡屋が多すぎても対応できないので」

○大規模施設　担当者様（※メガネ365を利用）

「うちは、メガネ365さんだけに来てもらっています。最初に案内してもらったので。他にも提案をしてくれる会社さんもあるのですが、うちは取引先が1社あれば大丈夫です。あまり手間を増やしたくないので、新しい会社さんとの取引開始は考えていません」

ステップ2　原因分析

「問題がどこで起きているのか」を確認したら、次は原因分析です。
まず、直感で思いついた原因仮説を書き出します。

「なぜ、商談、募集が微増にとどまってしまい、初回取引が増えていないのだろうか?」

気になることはいくつかあります。訪問販売サービスを開始して3年目になり、これまでは新しいサービスということですぐに導入していただけるお客様が多かったものの、今は状況が変わってきています。単なるサービス案内をしている営業活動の質が原因なのではないかと考えました。

ただし、この仮説だけを信じて問題解決を進めていくのは危険です。これでは、「自分の気になる部分だけを見てしまう症候群」になってしまいます。営業の質以外にも、さまざまな要素が絡み合って問題が起きている可能性があります。

営業活動の量、個人力、組織力、そして、戦略面も含めて、俯瞰的に仮説を出したうえで事実調査を行いましょう。

そこで、「営業の視点」（111ページ：図表17）を活用し、穴埋め感覚で仮説を出してみます。

●営業活動に関する仮説

・事業開始3年目で営業の質が下がってしまっているのではないか？（これまでの提案方法がお客様にウケなくなっているのではないか？）

・営業の量が落ちてしまっているのではないか？（既存顧客が増えてしまい、営業量が落ちてしまっているのではないか？）

●個人力に関する仮説

・営業の質を高めるために必要なスキルが備わっていないのではないか？

・営業活動3年目でマインドが変化していないか？（モチベーション低下）

●組織力に関する仮説

・拡販を行うために営業を支えるシステムは整備されているのか？
・営業力を高め続けるための教育評価制度は整っているのか？
・高い業績を生み出し続ける組織文化はあるのか？

●戦略に関する仮説

・自社のターゲット顧客の魅力度が低くなっているのではないか？（これまで狙ってきたセグメントはすでに競合他社と取引を始めてしまっているのではないか？）
・他社はターゲットを変えてきているのではないか？（自社とは違った魅力的なターゲットセグメントを狙っているのではないか？）

仮説を作り出すことができましたが、仮説はあくまでも仮説です。この仮説が正しいのか、実際に情報を収集して、結果をまとめてみました。

1 戦略・営業活動に関するリサーチ

まず、自社の戦略の有効性を確認するために、自社内の営業メンバーにヒアリングを行いました。代表的なコメントは次の通りです。

●戦略に関して

「大規模高齢者施設を中心にアプローチしています。会社の戦略は大規模施設重視ですし、営業としても、同じ施設で何名も買っていただける可能性があるのは魅力です」

「だいぶリピートしていただけるお客様も増えてきましたので、既存顧客に対しても丁寧に回ることを意識しています」

●営業活動の質に関して

「スタッフの方の負担にならずに購入できる点をPRしています。一度取引をしてもらえれば、良さをわかってもらえると思います」

「実施までの流れをわかりやすく伝えています」

●営業活動の量に関して

「今は既存顧客の訪問が忙しくなってきました。その合間で新規顧客を訪問するようにしています」

「以前購入していただいたお客様に会うとついつい話してしまいます。そこで、追加のご依頼をいただけることもあります。仲良しのお客様も多くなってきました」

2 個人力・組織力に関するリサーチ

次は、個人力・組織力についてもリサーチしました。営業メンバーに業務の合間に職場近くのカフェに来てもらい、1時間ほど現状に対する認識を聞きました。営業それぞれに思うところがあったのか、色々な意見を聞くことができました。主な意見は次の通りです。

○営業Aさん

「正直大変です。店舗のときは、待っていればお客様は来てくれましたが、今はお客様を探して、会いにいかなくてはいけません。営業ははじめての経験でした。まだまだ慣れず大変です」

「やりがいは大きいです。ずっと同じ眼鏡をしていて、新しい眼鏡をあきらめていたところに、我々が訪問販売にきたことをとても喜んでくれる方も多いです」

「営業の成績が徐々によくなってきているので、もう少し評価してほしいなという気持ちがあります。新しい取り組みに挑戦し、1年目・2年目と少なからず成果を出してきたのに、全社の業績が厳しいので、まったく評価されていないように感じます。3年目になり少しモチベーションが全体的に落ちているように感じます」

○営業Bさん

「2年間の取り組みをして、徐々に成果が出てきました。既存顧客も多くなり、そのお客様への訪問や販売に多くの時間を費やせるようになりました。その一方で、新規顧客へのアプローチのリソースは取れなくなっているのは事実です。大規模施設を中心に回り続けるやり方は、そろそろ限界のように思います」

「もともと私は営業という仕事には向いていないかもしれません。あまり前に出ていくことが得意ではありませんが、なんとか頑張ってきました。うちの会社は真面目な人が多くて、今回もみんなで力を合わせて頑張っていると思います。もう少し評価してほしい気持ちはあります。店舗の販売職と同じ評価制度になっているので、そのあたりも考慮してくれると嬉しいです。立ち上げ当初と比べると、少しやる気は落ちているかもしれません。もちろんやる気がないわけではないですが、サービス開始のときはみんな燃えていましたからね」

3 競合に関するリサーチ

競合については情報があまりないため、懇意にさせていただいているお客様に様子を聞いてみました。

○C病院　担当者様

「同じような訪問サービスを提供してくれる他の2社からもアプローチは定期的に来るよ。うちはメガネフィットさんに決めていると伝えているけど、導入してくれたら施設へのお礼でスタッフが使える割引券をプレゼントしてくれるって言っていたよ。でも何だか自分たちがお得になるために導入するのも違うと思うし、うちはメガネフィットさんが頑張ってくれているから大丈夫だよ、と伝えています。でも、1～2カ月に一度くらいは何かしら連絡が来るよ。最近は施設にだけでなく、購入者にもかなりお得な特典を用意すると営業してきたよ」

以上の情報収集の結果を「営業の視点」にまとめてみました（図表20）。

ステップ3　課題抽出

続いて、ステップ2で書き出した仮説と事実をもとに、課題を一文でまとめます。

《メガネフィットの課題は、「大規模施設を中心に新規開拓を進めてきたが、すでに競合と取引を開始したお客様が増えてきたため、サービスの案内だけの営業をしても応募を開始してもらえないことである」》

問題が起こる因果関係がわかってきました。

このまま解決策に進んでも問題ありませんが、もう少し気になることが2点ほど出てきたため、事実情報を集めてみようと思います。

図表20 メガネフィットの営業の視点

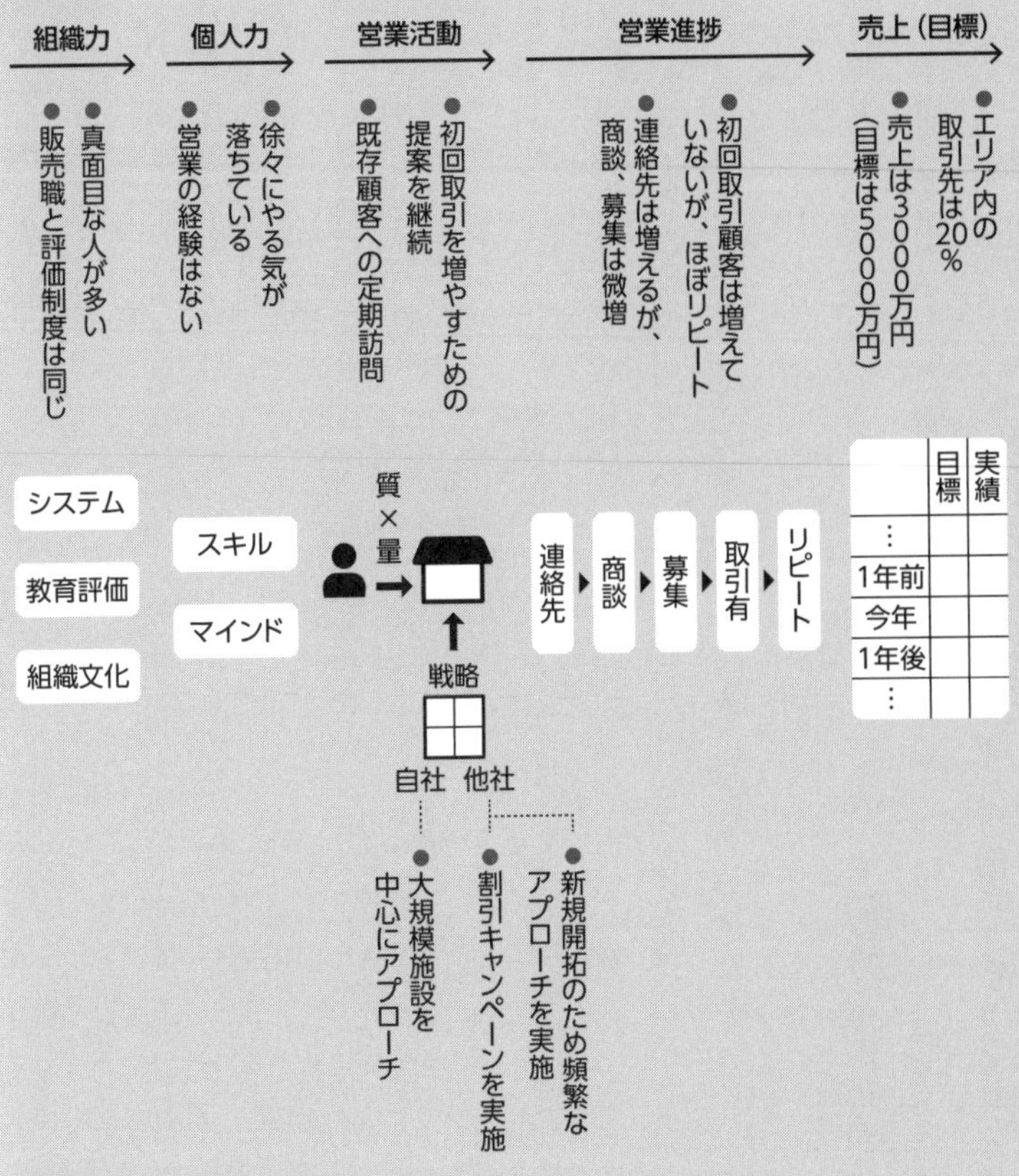

●確認したい点①

「大規模高齢者施設や病院の多くは、すでに他社と取引を開始しているが、追加で自社と取引してもらえる可能性はないのか？（何か不満はないのか？）」

●確認したい点②

「これまで自社が営業をしていない中小高齢者施設や病院は開拓の余地はあるのか？（サービスの魅力を感じてもらえるか？）」

この2点について調査したところ、次のようなことがわかりました。

●①についての調査結果

「大手高齢者施設や病院についてはこれまで調査してきた通り、これまで通り営業をしていても難しそうです。

ただし、追加調査を行う中で、お客様の不満を発見することができました。それは施設担当者の手続きの負担です。

どこの会社もチラシやポスターを張り、それに興味を持った方が施設担当者に連絡し、施設担当者を通じてお申し込みをしていただいています。そのやりとりは施設側からすると追加の業務となります。

他の業務が忙しい中で、もっと気軽に頼めるサービスがあったら選択肢の一つとして追加してくれそうな感触を得ました」

●②についての調査結果

「中小高齢者施設や病院についてもヒアリングをしてみましたが、ほとんどの施設がまだサービスを導入していないことがわかりました。競合他社からも営業を受けていないそうです。試しに訪問サービスの紹介をしたところ、非常に興味を持っていただきました。

中小施設であるため、1施設当たりの潜在的なお客様の数は少ないですが、大手施設でも中小施設でもご注文いただく際は一人ずつになるため、メガネフィットとしては注文時の工数は変わりありません。

今後は大手の施設だけでなく、中小高齢者施設もターゲットすることに大きな可能性を感じることができました」

ステップ4　解決策立案

いよいよ解決策を考えます。

ステップ3で追加情報を集めたことで、課題を言い換えることができるようになりました。

メガネフィットの課題は、「大規模施設へのアプローチ方法を変更し効率的な営業活動を行いながら、いかに中小施設の新規開拓を進めるか？」です。

この課題に対する解決策を考えます。

解決策はアイデアの方向性を3つに分類しました（図表21）。

1つ目の方向性は「アプローチ先の選定」です。

これまで大規模施設だけを狙っていましたが、今後は中小施設もターゲットにすることを検討しました。

図表21 メガネフィットの問題（売上未達）の解決策

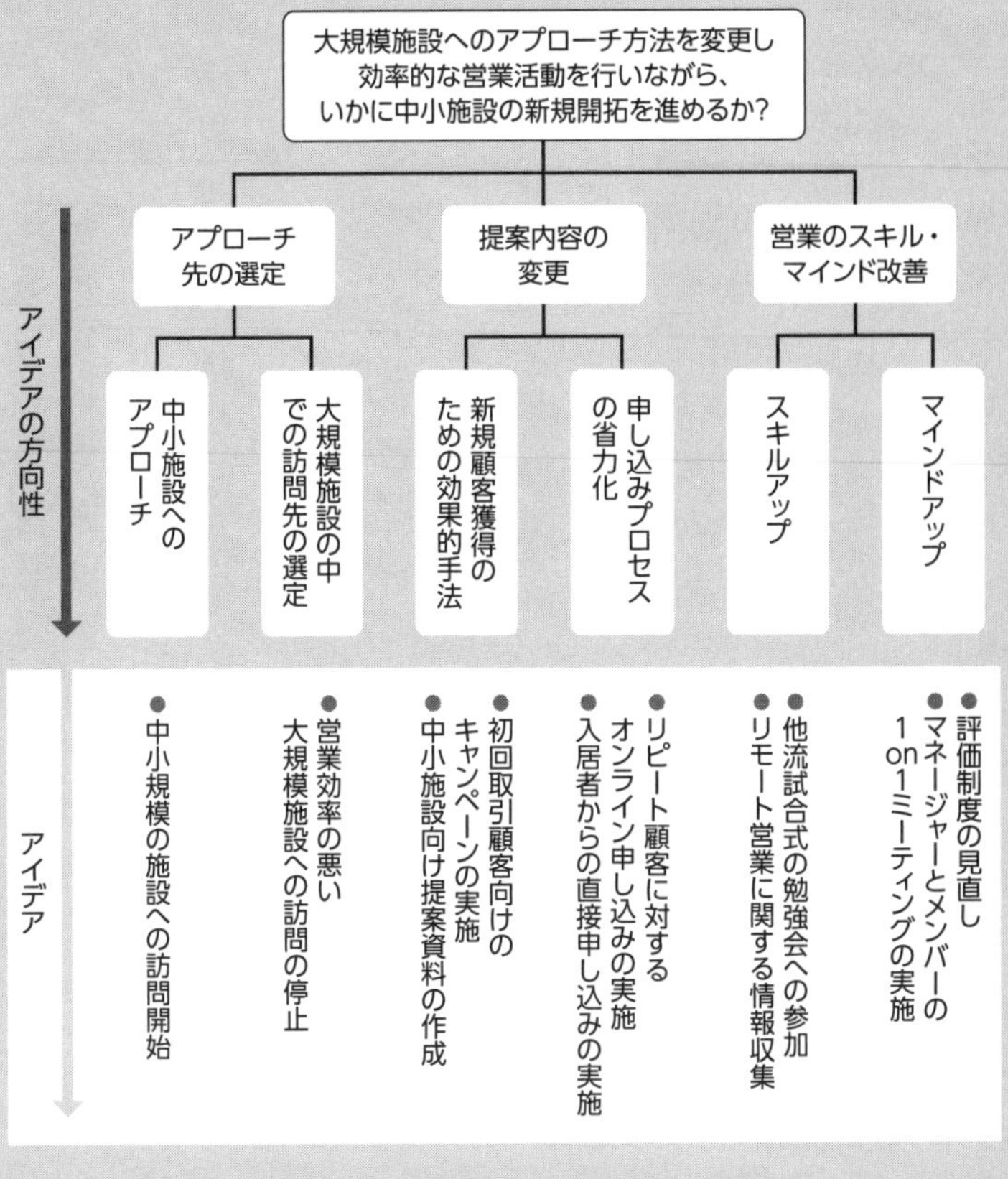

大規模施設へのアプローチ方法を変更し
効率的な営業活動を行いながら、
いかに中小施設の新規開拓を進めるか？
アイデアの方向性
アプローチ先の選定
提案内容の変更
営業のスキル・マインド改善
中小施設へのアプローチ
大規模施設の中での訪問先の選定
新規顧客獲得のための効果的手法
申し込みプロセスの省力化
スキルアップ
マインドアップ
アイデア
●中小規模の施設への訪問開始
●営業効率の悪い大規模施設への訪問の停止
●初回取引顧客向けのキャンペーンの実施
●中小施設向け提案資料の作成
●リピート顧客に対するオンライン申し込みの実施
●入居者からの直接申し込みの実施
●他流試合式の勉強会への参加
●リモート営業に関する情報収集
●評価制度の見直し
●マネージャーとメンバーの1on1ミーティングの実施

その一方で、大規模施設の中で今後も訪問すべき施設を選定し、それ以外の施設への訪問はストップするアイデアを考えました。

2つ目の方向性は「提案内容の変更」です。

初回取引のお客様向けの新しい提案内容を考える一方で、既存顧客からの申し込みプロセスを省力化するというアイデアを考えました。

3つ目の方向性は「営業スキル・マインドの改善」です。

法人営業部立ち上げから3年が経過しましたが、まだまだ営業スキルが高いとは言えません。また、これまでの成果が評価されていないという不満も聞こえてきており、メンバーとのコミュニケーションを強化するアイデアを考えました。

解決策のアイデアをたくさん考えることができました。すべてのアイデアに取り組みたいところですが、法人営業部は4名。やれることは限られています。

さて、どの策を選択すべきでしょうか？

そこでまずは、やることを増やす前に、営業活動でやめることを決めてリソースの余裕を作ることを優先したいと思います。その後で、中小施設へのアプローチに時間を作れるようにしたいと考えます。

また、メンバーの不満と向き合うために、まずは彼らの声をしっかりと聞く時間を取りたいと思います。最終的に実行するアイデアは4つに決定しました。

●実行するアイデア

・営業効率の悪い大規模施設への訪問の停止
・中小規模の施設への訪問開始
・リピート顧客に対するオンライン申し込みの実施
・マネージャーとメンバーの1on1ミーティングの実施

いよいよ実行です。実行する前にKPIを設定します。今回の新しい営業戦略がうまくいっているか確認するために3つのKPIを設定しました。

●設定したKPI

・中小規模施設へのアプローチ数
・リピート顧客からのオンライン申し込み数（率）

・1on1ミーティングの実施回数

この3つを計測しながら、営業活動に邁進していき、1カ月、3カ月、6カ月と状況を見ながら次の作戦を考えていこうと思います。

やりたいことはたくさんありますが、今はやれることを増やせる状況ではありません。

まずは今やっていることを減らすことから始めていくことになりました。

第3章

「事業部長の視点」で収益性や成長性を高めていく

――3つめの武器「仮説思考」

変化の激しい時代に、中長期的に自社のビジネスの収益性や成長性を高めていくには、「事業全体を俯瞰《ふかん》的に見て考える力」が必要になります。それは、ビジネスパーソン一人ひとりが、「顧客企業や競合企業を分析し、会社・事業全体の中で自分がどう貢献をできるか」を考える視点を持たなくてはならない、ということを意味します。過去の事例をいくら集めても答えは落ちておらず、自分なりの答えを出さなければなりません。

つまり私たちは、時代の変化によって生じる新たな問題に対して、「筋の良い仮説」を創り出し、事業の稼ぐ力を高める必要に迫られているということです。

この章では、そのような時代の要請に応えるための問題解決のコツについて、【ステップ1：問題分解⇒ステップ2：原因分析⇒ステップ3：課題抽出⇒ステップ4：解決策立案】の流れに沿って、ケーススタディを交えつつ解説していきます。

ケーススタディ

どうすれば営業利益率を改善できるか？

第3章の舞台は、メガネフィットの経営企画室。新年度を迎えた4月、あなたは経営企画室のマネージャーに異動となりました。入社以来15年間、さまざま店舗で働いてきた実績が認められ、経営企画室に配属になりました。

経営企画室は社長直轄の部署で、会社の経営戦略を立案し予算を策定します。これまでは販売一筋で働いてきたため、自分に経営企画室マネージャーが務まるか不安はありますが、任された仕事を全うしようと考えています。

ただ、ここ数年、会社の成長は鈍化し、収益性も低下していて、苦しい状況です。格安眼鏡が台頭し、競争は激しくなっています。眼鏡の種類は豊富になり、消費者にとっては選択の幅が広がりました。

ここ3年間の業績サマリーを確認しておきましょう。

●3年前：売上70億円、営業利益7億円（営業利益率10％）
●2年前：売上69億円、営業利益4・1億円（営業利益率6％）
●昨年度：売上67億円、営業利益2億円（営業利益率3％）

昨年度のコストの状況は下記の通りです。

●売上原価率30％
●販売費および一般管理費率67％

眼鏡業界には多数の競合が存在しますが、メガネフィットが特に意識している企業はこの5社です。

競合会社 ※すべて架空の会社

①みんなのメガネ
・業界シェアNo.1
・お手頃価格から高価格帯まで品揃えが自慢
・有名タレントを起用したCMが有名で、ブランド認知度も高い

②ニューヨークメガネ
・海外輸入ブランドに強み。ハイセンスな商品が人気
・特に女性に人気で、ファッション性が高い
・ファッションビルや路面店に出店

③レンズベース

・5000円、7000円、9000円の格安眼鏡を取り揃える3プライス店の草分け

・製造から小売りまで行うSPA（製造小売業）

・眼鏡に新たな機能を追加した商品開発にも積極的

④メガネ365

・眼の安心をキーワードに、質の良い眼鏡を提供

・検査機器が充実。約60分間の丁寧な接客を行う

・40代以上からの人気が高い

⑤メガネシンプル

・シンプルでカジュアルな眼鏡がウリ

・若者を中心に人気

・SNSでの情報発信を積極的に行う

売上が低下し、収益性も大きく低下しています。社長と問題を定義するためのミーティングを行い、会社として3年前の営業利益率10％を目指すことにしました。

さらに、社長からは、「収益性の改善に取り組む間も、会社として大切にしたい思いは忘れないように」という言葉をもらいました。メガネフィットでは、眼鏡をおしゃれの一部として捉え、お客様に似合う一本を選んでいただいてきました。眼鏡のファッション性を大切にしてきたのです。

儲かれば何でもよいというわけではなく、『あなたにピッタリ！』の眼鏡を提供して、お客様に喜んでもらいたい」という会社の思いを大切にしながら、業績アップに取り組んでいく必要があるということです。

さて、あなたなら、この問題解決にどう取り組みますか？

事業部長の視点とは

このような問題に対処する際に必要となるのが、「事業部長の視点」です。図表22を見てください（31ページの図表4と同じ図です）。

これは、一つの事業のビジネスの流れを1枚にまとめた俯瞰図です。世の中には色々な業界が存在しますが、ビジネスの流れとして共通項が存在します。この1枚を頭に入れておくことで事業全体を考えることができます。

「事業部長の視点」は、左から「市場」「ターゲット」「顧客」「商品・サービス」「バリューチェーン」「組織」「会計数値」「競争力（シェア）」と並んでいます。さらに、それらの下に「外部環境」があります。この1枚でビジネスの流れを表現しています。

順に見ていきましょう。

図表22 事業部長の視点

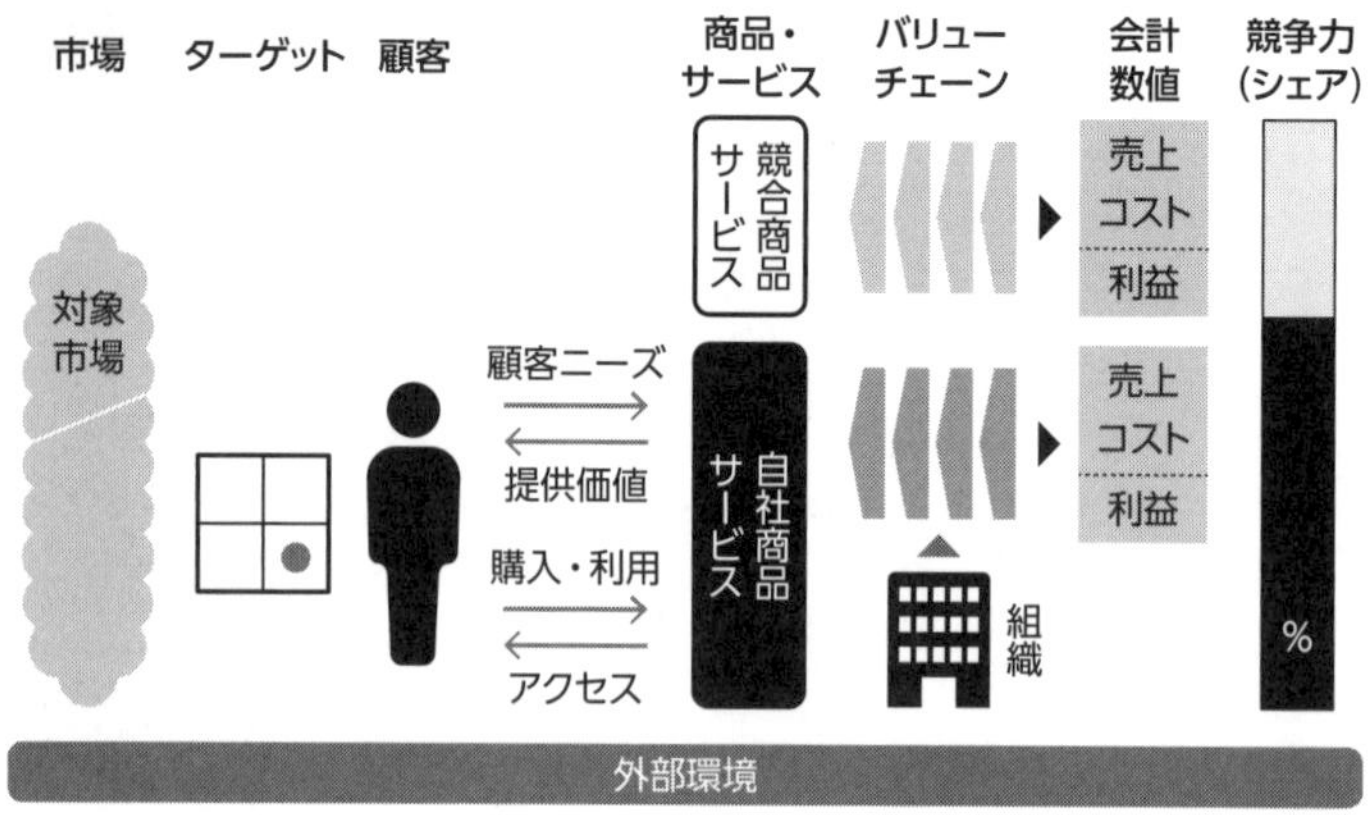

※31ページの図表4と同じ

事業部長の視点

●市場

「事業部長の視点」の一番左側に、自社が戦う「市場」があります。戦っている市場は、すでに決まっており、「その市場の中でいかに戦うか」を考えるのが事業部長の仕事です。

●ターゲット

自社が戦う「市場」の中には、さまざまな顧客セグメントが存在します。セグメントとは、同じニーズを持った顧客のことを意味しています。自社が特に狙っているセグメント（顧客）を「ターゲットセグメント」と呼びます。

なお、顧客のことを「狙う」という

表現は、ふさわしくないというご意見もありますが、わかりやすい表現なので使用しています。

●顧客

その「ターゲット」の中に一人ひとりの顧客が存在します。法人向けビジネスの場合には、一社一社の顧客企業がいます。

●商品・サービス

その顧客に対して自社の商品・サービスを提供しますが、買ってもらうためには顧客ニーズを満たす提供価値が必要となります。競合も魅力的な価値の提案を行ってきますので、競合よりも魅力的な価値を提供する必要があります。また、顧客に買ってもらい、利用してもらうためには、顧客にアクセスする必要があります。つまり、チャネルの拡大が重要です。

チャネルとは顧客とつながるための媒体や経路のことであり、それを拡大するということは「より多くの顧客に購入していただけるように、自社の商品・サービスの魅力を十分に伝える経路を広げる」ということです。いくら良い商品・サービスがあってもチャネルが弱ければ、顧客に選んでもらうことができません。

●バリューチェーン

顧客に選ばれる商品・サービスを提供するには、自社の「バリューチェーン（一連の企業活動）」を強化する必要があります。

●組織

バリューチェーンを強化するためには、組織・人材の強化も必要です。

●会計数値、競争力（シェア）

図の左側にある「企業の行動（市場からバリューチェーン・組織）」の結果が、矢印の右側にある「会計数値」や「競争力（シェア）」に表れます。

●外部環境

すべてに影響を及ぼすのが、一番下にある「外部環境」です。

効率的に問題解決を図る「仮説思考」

問題が生じた際――つまり、業績が悪化した際――には、事実を確認する必要があります。

関連する情報は多岐にわたるため、闇雲にデータを集めてはうまくいきません。とにかく多くの情報を集めようと思っても、事前に「どんなデータを集めたいか」を明確にしていなければ、時間の無駄に終わってしまうことが多いです。

そこで必要となるのが「仮説思考」という武器です。

目の前で問題が起きた際に、「その背後では、こういうことが起きているのではないか」という「筋の良い仮説（精度の高い仮説）」を考えることができれば、効率的に問題解決に取り組むことができます。

ただし、「筋の良い仮説を生み出すには、経験豊富なベテランである必要があるのではないか」「経験がなくても、筋の良い仮説を創り出すことができるのだろうか」と、不安になる方も多いと思います。

私自身も以前は、筋の良い仮説を出すためには豊富な経験が必要であると考えていました。また、自分自身が担当している領域であれば考えることができるが、専門外のことになると考えることが難しいと思っていました。なんとか仮説を創ろうとしても、ランダムに仮説を出すしかなく、効率が悪かったのです。そうなると、「やっぱり経験を積むまでは……」とあきらめたくもなります。

しかし、そんな思いを持ちながらも、当時憧れていた経営コンサルタントの先輩の発言をつぶさに観察していて、「仮説にはパターンがある」ということに気がつきました。ビジネスには色々な分野があるものの、**問題が起きる原因には共通項があるため、それを記憶しておくことで、筋の良い仮説を創り出すことができる**ということがわかったのです。

自分の会社や仕事で起きる問題は特殊だと感じるものですが、問題が起きる背景にある原因には共通項があるのです。

ステップ1 問題分解
——問題の発生場所を特定する

今回も、まずは問題分解を行い、その後で原因分析を行います。**問題が特に起きている**

場所を特定できたほうが原因分析の仮説の質を上げることができるからです。

例えば、事業全体の利益が下がった場合で考えてみましょう。すぐに原因分析に行くと、「なぜ、事業全体の利益が下がっているのだろうか?」と考えることになります。しかし、もし「利益の減少がA事業部で起きている」とわかったならば、「A事業部の利益がなぜ減少しているのだろうか?」とより的を絞った形で原因を探ることができます。

問題を分解する際に常に意識しておきたいのが「MECE《ミーシー》」という考え方です。

MECEとは、「Mutually Exclusive and Collectively Exhaustive」の頭文字を取った略称です。問題を分解する際には、「ダブりなく、漏れなく分ける必要がある」という意味です。

ダブりが発生してしまうと、同じ部分を何度も見てしまうため、効率が悪くなります。漏れがある場合は、問題が発生している特に悪い部分を見逃してしまう可能性があります。だから常にMECEを意識する必要がある、というわけです。

問題を分解する（ロジックツリーを作る）際に、常に並べ方を意識することで、「MECEになっているか」を確認することができます。大きいものから並べたり、プロセス順に並べたりすることでヌケモレに気づきやすくなるのです。

とはいえ、この方法にも限界があります。そこで、早いタイミングで上司や同僚に見てもらうとよいと思います。他の人の視点で見てもらうことで、ＭＥＣＥになっていないことに気づくことができます。ＭＥＣＥは自分一人ではなく、チームで担保することが重要です。

ＭＥＣＥは非常に重要な考え方ですが、それ以上に大切なのは、「問題の発生場所を明らかにして、精度の高い原因分析につなげること」です。ＭＥＣＥにこだわっても、どこで問題が起きているかわからないのであれば、意味がありません。なぜ、問題を分解するのかを忘れないようにする必要があります。

実際にやってみると、問題を分解して事実を確認するという作業は時間がかかります。色々な切り口で問題を分解し、実際にデータを検証する作業は面倒ですが、この作業を疎《おろそ》かにせずに行うことが、問題解決の精度を高めていきます。

なお、事業に関するデータを見るときは、5~10年間のロングスパンのデータを確認するとよいでしょう。短期間だけのデータだけで分析をすると解釈を見誤ってしまうことがあります。

ステップ2

原因分析
——筋の良い仮説を出す

問題の発生場所が特定できたら、次は原因を探ります。そこで重要となるのが「筋の良い仮説」です。

問題が起きた際に、「何が原因として考えられるか」という典型的なパターンを頭に入れておくことで、実際に起きている可能性の高い色々な原因を探ることができるようになります。

社会人になると、物事を暗記することが少なくなりますが、思考力を高めるためには知識を増やすことも重要です。新しくインプットした情報と記憶している知識が紐《ひも》づくことによって、質の高い仮説を創り出すことにつながります。

原因仮説の7パターン

問題が起きる原因の典型的パターンは7つあります。

問題が起きる原因を探る質問

1 市場に変化が起きているのでは？
2 ターゲットセグメントに変化が起きているのでは？
3 顧客ニーズを満たせていないのでは？
4 顧客に自社サービスの魅力を届けられているか？
5（顧客価値を継続的に提供する）バリューチェーンを構築できていないのでは？
6 バリューチェーンを支える組織に問題はないか？
7 外部環境に大きな変化はないか？

154ページでも紹介した「事業部長の視点」との関係を図表23に示しましたが、この7つのパターンを知っておくことで、問題が起きた際に原因の仮説を立てられるようになります。

本書ではそれぞれについてポイントを絞って紹介しますが、より詳細を知りたい方は拙著『筋の良い仮説を生む 問題解決の「地図」と「武器」』（朝日新聞出版）をご確認ください。

図表23 原因仮説の7パターン

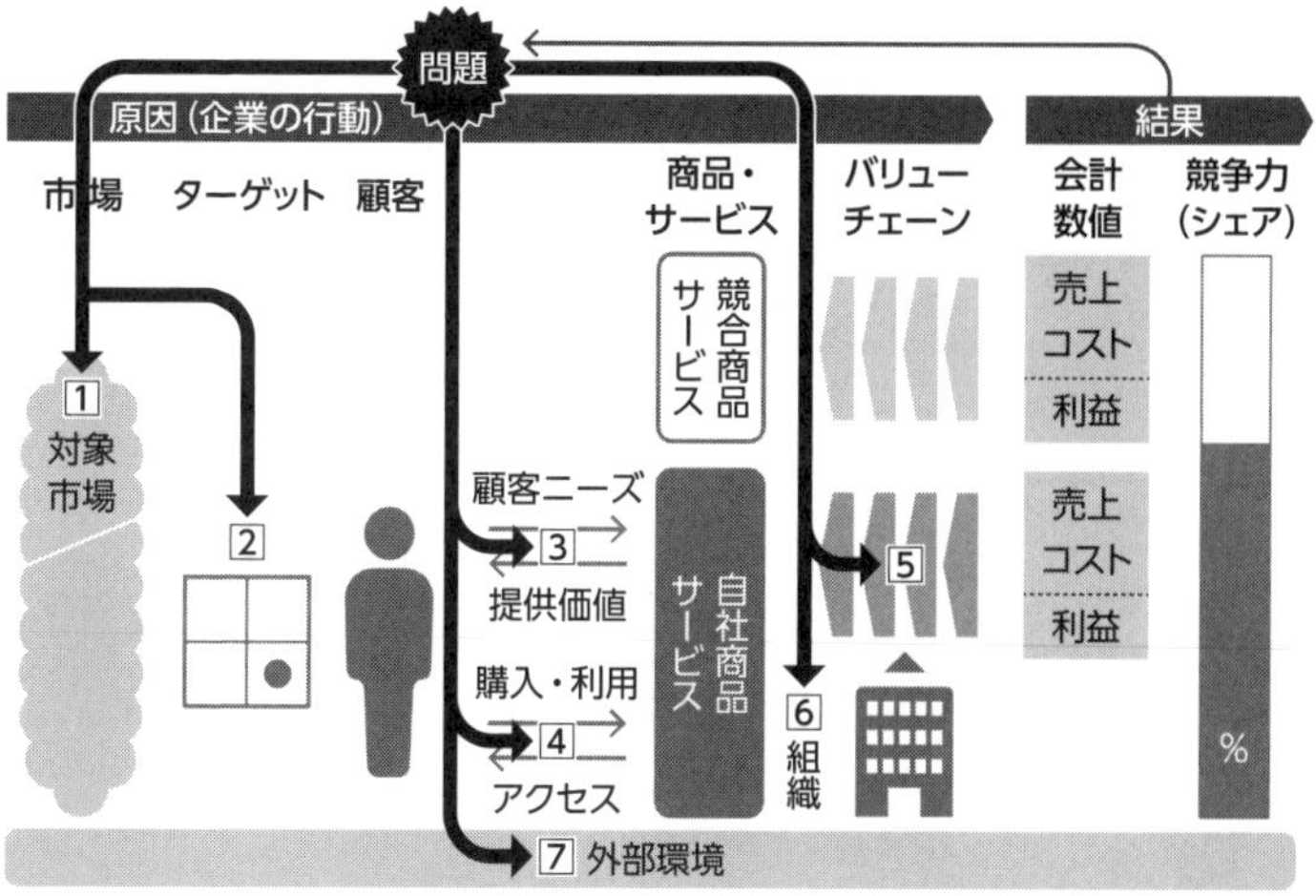

1市場に変化が起きているのでは？

ビジネスの業績が落ちている場合、まず探るべきは「(自社が戦っている）市場」の影響です。

市場規模が小さくなっている場合に、自社のビジネスが厳しい状況に陥ることが多いからです。また、代替品や新規プレイヤーが登場したり、売り手や買い手との関係性が変化したりするなど、「市場の質」が変化することで、その市場で儲けづらくなることがあります。

この市場の変化について探る際には、市場全体の動向を見るだけでなく、その中の特に戦っている対象商品の市場の動向を見る必要もあります。例えば、お酒の市場全体の動向を見るだけでなく、ビール、ワイン、焼酎、ウイスキー市場などと対象商品ごとの市場の動きをチェックすると、全体の市場とは違った動向を確認できます。

なお、その事業を任されている以上、市場の状況が悪いからといって逃げ出すわけにはいきませんから、市場に原因を求めても仕方ないと思うかもしれません。しかし、そんなことはありません。問題が起きている原因の一つとして市場の状況を捉えておかないと、後で行う「課題」の認識を正しく行うことができないからです。

②ターゲットセグメントに変化が起きているのでは?

次は、ターゲットセグメントです。

まずは「ビジネスを行う相手としてターゲットセグメントの魅力度が下がっているのではないか?」と探ります。ターゲットセグメントの規模が小さくなっていれば、ビジネスのチャンスは減ってきます。また、法人向けビジネスの場合、ターゲットセグメントが儲かっていなければ、その顧客向けのビジネスは難しくなってしまいます。

あるいは、ターゲットセグメントの一部を他社に攻められてしまうケースがよくあり、ハイエンド層から攻め込まれる場合とローエンド層から攻め込まれる場合があります。ですから、「ハイエンドを攻め込まれていないか？」「ローエンドを攻め込まれていないか？」と探ります。

ハイエンドとは、高くてもいいから高級な品質を求める顧客層のことです。ハイエンドの顧客ニーズは多岐にわたり特別対応が求められるため、マス向けのビジネスをしていると、そこにリソースをさけずに丁寧な対応がやりきれないことも起こりえます。そこにスキが生まれてしまい、そこに特化した競合にターゲットセグメントの一部を奪われてしまうことがあります。

逆にローエンドとは、多少質が悪くてもよいのでとにかく安いものが欲しい顧客層です。ローエンドは、他のセグメントと比べると多くのお金を払ってくれるわけではないので、競合に攻め込まれてしまってもよいと思うかもしれません。

しかし、その油断が大きな危機につながることがあります。今はローエンドであっても、その顧客の購買力が将来的に高まり魅力的な顧客に育っていくことがあります。また、競合にローエンド向けの商品・サービスとして市場の中で存在感を一度持たれると、他のセグメントに対してアプローチされやすくなってしまいます。

ローエンドといえども、簡単に攻め込まれてはいけません。

3 顧客ニーズを満たせていないのでは？

顧客ニーズとは「消費者が求めていること」ですが、ビジネスにおいて「顧客が商品・サービスを選ぶ理由は何か」の理解はとても重要です。

顧客の購買理由に対する自社評価と他社評価を比較し、自社が劣っているならば当然、自社の商品は選ばれなくなり、業績に悪影響が出ます。商品・サービスを選ぶ購買理由自体が時間の経過とともに変化しますから、以前は高評価を得ていたとしても、今は低評価になってしまっている可能性があります。

また、最終的に自社の商品・サービスを選んでもらい購入してもらうには、お客様の頭の中で明確な位置づけを獲得することも重要です。つまり、「○○といえば、自社商品・サービス」だと認識してもらうことができれば、顧客に選んでもらえる可能性は高くなります。

この原因仮説を探る場合は、「『○○といえば、自社サービス』という状態を作り出すことができていないのではないか？」となります。

4 顧客に自社サービスの魅力を届けられているか？

次は、チャネルに関する仮説です。

「顧客が利用するチャネルの変化に対応できているか？」を探ります。155ページで述べたように、いくら良い商品・サービスを持っていても、チャネルを拡大できなければ買ってもらうことができません。つまり、顧客に自社商品の魅力を伝えることができなければ、購入にまでつなげられないということです。

「まず商品・サービスのことを認知してもらい、興味・関心を持ったうえで比較検討してもらい、無料トライアルを提供するなどして、購入につなげる」という一連の購入プロセスの中で、どこかで漏れが起きてしまうと、魅力を届けることができません。

次のように考えることで、仮説を出すことができます。

- そもそも認知度が低すぎるのか？
- 多くの人に知ってもらっているが、興味を持ってもらえていないのか？
- 競合との比較検討段階で負けてしまっているのか？
- 無料トライアルまでいくが、有料購入に進んでもらえていないのか？
- 一度は買ってくれるが、リピートしてくれていないのか？

さらに、最近はどの業界でもプラットフォーム（複数の参加者が商品や情報のやりとりをする場所）を通じて、自社商品・サービスを提供することが多くなっています。プラットフォームをうまく活用できていないことによって、業績低下が起きている可能性はないでしょうか。「直販にこだわりすぎてしまい、プラットフォーム活用が遅れていないか？」と探ってみてください。

5 バリューチェーンを構築できていないのでは？

次は、顧客価値を継続的に提供するバリューチェーンです。

バリューチェーンは、例えば「研究開発→調達→製造→広告宣伝→販売→サービス」といった流れになりますが、順番や分け方は企業ごとに異なります。

バリューチェーンの中で特に重要となる部分を「ＫＦＳ」と呼びます。ＫＦＳとは「Key Factor for Success」の略で、顧客価値を実現するために一番のカギとなる部分のことです。

自社が狙っているターゲットセグメントの顧客ニーズを見極め、そのニーズに応えるためには、特にこのＫＦＳの部分を強化していく必要があります。

ＫＦＳがどの部分になるかは、業界によっても違いが出てきますし、企業ごとの戦略によって違います。研究開発がKFSになる場合もあれば、調達の場合もあります。自社の競争力が落ちている場合に、「自社はKFSを強化できているか?」を探ります。

ただし、業界トップ企業の場合、バリューチェーンの一部が強いというよりも、バリューチェーン全体が他社と比較して優れていることがよくあります。顧客価値を提供し、購入し続けてもらうためには、このバリューチェーン全体を強化し続ける必要があるのです。

高品質の商品・サービスを実現できる強さを持っていなければ、勝ち続けることはできません。「自社のバリューチェーンは強いのか?」「商品・サービスを安く、うまく提供できるのか?」を探ります。

6 バリューチェーンを支える組織に問題はないか?

次は、バリューチェーンを支える組織について探ります。

社員の能力、テクノロジー活用、組織風土など、組織に関する原因も多岐にわたって考えることができます。ただし、「組織自体がよいのか? 悪いのか?」を判断するには、戦略と組織をセットで考えることが大切です。

「自社の戦略実現のためには、どのようにバリューチェーンを強化すべきなのか?」を明らかにしたうえで、それを実現するための組織強化ができているかを探ります。
次のように考えることで、組織に関する原因仮説を出すことができます。

- 組織構造は戦略に合っているのか?
- 戦略に合った適切な組織運営ができているか?
- 社員の価値観は戦略に合っているのか?
- 社風は戦略に合っているのか?
- 戦略実行のためにリーダーシップを発揮できているか?
- スキルは、戦略を実現できるレベルか?

7 外部環境に大きな変化はないか?

最後は、問題の背景にある外部環境の変化を探ります。「PEST」というフレームワークを意識すると、原因仮説を探りやすくなります。PESTとは、「Politics（政治）／Economy（経済）／Society（社会）／Technology（技術）」の4つの頭文字を取ったものです。

すなわち、次のように考えることで原因仮説を出すことができます

●**政治に変化はないか?**

法律の改正や規制緩和によって競争環境が大きく影響を受けることがあります。また、世界的な政局によって、世界経済の不安定さが増し、海外ビジネスが難しくなるケースも増えているため、政治の動向を探ります。

●**経済に変化はないか?**

景気の良し悪しのほか、為替や原材料費の変動など、経済全体の動向を探ります。

●**社会に変化はないか?**

特に人口減少はビジネス環境に大きな影響を及ぼします。人口に加え、新しい価値観やトレンドの変化を探ります。

●**技術に変化はないか?**

最新技術の動向がどうビジネスに影響を与えているかを探ります。

仮説を検証する計画を立てる

仮説を考えたら、その仮説を検証するための計画を立てます。

仮説はあくまで仮説なので、事実を確かめるために、計画を立てなくてはなりません。手元にある情報（事実）をとりあえず見るのではなく、見たい情報を確実に調べる必要があります。

ネットでいきなり情報収集を始めてしまうと、情報探しに夢中になってしまいあっという間に時間が経過してしまいます。また、知りたい情報ではない関連性の低い情報でも見ていると楽しくなってしまい、本来見るべき情報の収集が疎かになってしまいがちです。「どんなデータを集めたいのか」を先に考えてから、情報収集の作業に入ることが重要です。思考と作業を一緒に行ってしまうと、どうしても作業に夢中になってしまうので、先に思考してから、情報収集の作業は別モードでするべきです。

情報収集の計画を立てる際には、図表24を使います。一番左に仮説を書き出し、その隣に仮説を検証するために必要となるデータとデータ元を書き出します。このように仮説検証の計画を立案すれば、効率的にデータ収集に取り組むことができます。

図表24 仮説の検証計画

仮説	データ	データ元

この仮説の検証計画をしっかり立てないと、仕事の生産性が大幅に下がってしまいます。情報収集には多くの時間がかかりますが、せっかく集めた情報であっても、仮説検証に役立つものでなければ、やり直しになってしまいます。

上司から仕事の依頼を受けた際も、仮説の検証計画について合意せずに情報を集めてしまうと、せっかく資料を作っても、やり直しを食らってしまうことになります。そうならないためにも、事前に上司に仮説の検証計画を見せてアドバイスをもらい、「何を調べるか」について合意を得ておくとよいでしょう。

やり直しを食らうと、上司に対して「何

図表25 **グラフの種類と利用方法**

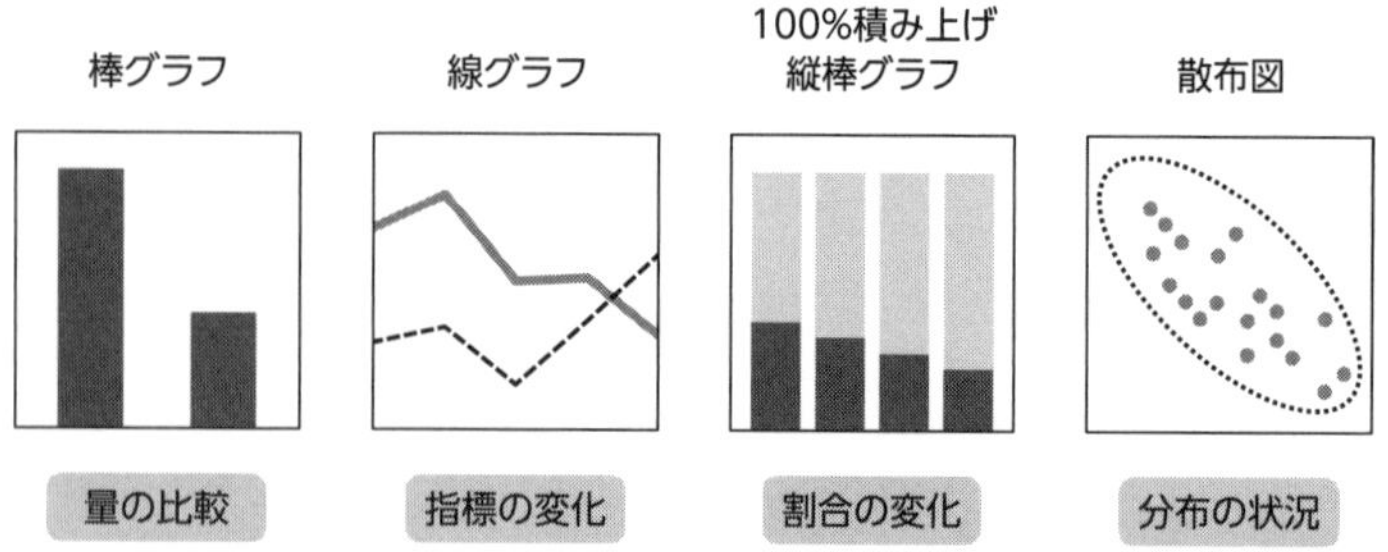

で早く言ってくれないのか」と文句を言いたくなりますが、「事前に検証計画を見せなかった自分が悪かった」と思うしかありません。私も、やり直しを食らったことを今でも覚えていますが、「何を検証するか」が曖昧なまま調べていた自分が悪いのです。

一方で、あなたが上司の立場で仮説検証を依頼するのであれば、「どこまで自分の力で取り組んでもらうか」をケースバイケースで判断する必要があります。まだ経験がなくスキルに不安があるならば、仕事を依頼するメンバーと一緒に仮説の検証計画まで考えるべきです。「どのような情報を集めるのか」「それはどこにあるか」を一緒に整理したうえで情報収集に取り組んでもらうのがよいでしょう。

さらに、情報を集めた後に、どのようなグラフで表現するかまで決定できるとよいと思います。「どのようなグラフにするか」まで先に考えることで、「どのような仮説を検証したいのか」をよりクリアに認識することができます。

もちろん、まだデータを集めていない段階なので実際にグラフを描くことはできませんが、手書きレベルでよいので、「どのようなグラフになるか」をイメージしておきます。

表現するグラフの種類は色々ありますが、図表25の4つの種類を押さえておけば、ある程度のデータには対応できるはずです。

ステップ3 課題抽出——Aを直すのか？ Bを直すのか？

原因仮説を考え、検証するための情報を集めたら、「課題は何か」を一文にまとめます。**課題とは、繰り返しになりますが、「問題を引き起こす事実の中でも、特に直すべき事実のこと」であり、問題の根源となる一番悪い部分です。**

「事業部長の視点」で課題をまとめる際には、フレームワークを活用するとうまくまとめることができます。**その代表的なフレームワークが「3C」です。**

3つのCとは、「市場・顧客（Customer）」「競合（Competitor）」「自社（Company）」の頭文字を取ったものです。

3Cは、3つのCの関係性を見るためのフレームワークです。3つの要素をピックアップするためのものではなく、市場・顧客に対する競合と自社の対応の違いを見るためのものです。「市場・顧客に競合がどこまで対応できているのか」「それに対して自社がどこまで対応できているか」という3つの要素の関係性をまとめることができます。

つまり、3Cを活用することによって、「市場・顧客が求めるニーズに対して、競合は対応できているが、自社ができていないこと」をまとめることができます。

ところが、この3Cを活用して、課題を一文にまとめようとした場合、かなりの長文になり、「結局、何を直したらよいのか」を絞りきれないことがよくあります。「事業部長の視点」には、複数の要素が関わっているためです。

そこで、登場するのが「イシュー」という考え方です。

課題をイシューに言い換える3つのメリット

イシューとは、「直すべき原因を2項対立の形式で表現したもの」のことで、次のように書き表します。

《○○を直すのか？　××を直すのか？》

この問いに答えを出すことができれば、何を直すべきかを明らかにすることができます。

また、課題をイシューに言い換えることによって、次の3つのメリットを得ることもできます。

1 納得感が上がる

課題をまとめた後に上司に報告すると、決まって言われる言葉があります。

「それが本当に課題なのか？」「他にはないのか？」です。せっかく事実を集めて課題を明らかにしても、上司にこう言われると、反論するのがなかなか難しく、「他にもあるかもしれない」と思ってしまいがちです。

そこで、課題はこれであると断定せずに、最初から2項対立にすることで、「他の選択肢もある中でこちらを選んだ」と伝えるのです。選択肢が2つある中から選んだ課題だとわかれば、上司の納得感も上がります。

2 スピードが上がる

イシューに言い換えることで、最終ゴールに向かって、「どこを直せば問題を解決できるのか」と思考を進めることができるため、時間のロスがなくなります。もちろん、事実を確認することで、当初の仮説と事実がずれていることがわかり、軌道修正することもありますが、試行錯誤しながら最短距離で仮説検証を効率的に進めることができます。

イシューを常に意識して問題解決を行うことはとても素晴らしい方法ですが、イシューを明らかにできるのは問題が起こる因果関係がある程度、明らかになってからです。まったく何もわかっていない段階ではイシューを明らかにすることはできないので、注意が必要です。この点さえ押さえておけば、イシューという考え方は大きな威力を発揮します。

3 議論が巻き起こる

良いイシューは、ミーティングなどの場で議論を巻き起こします。

「○○を直すのか？　××を直すのか？」という2択になると、意見が分かれ、多くの意見が出てくることがあります。そうなると、収拾がつかなくなり、少し残念な気持ちになるかもしれません。

しかし、議論することでチームの思考が深まることが重要です。チームとして「何が問題の本質なのか」に気づくことができます。場合によっては、「○○を直すのか？　××を直すのか？」というイシューに対して、「両方直さなければならない」という結論になるかもしれませんし、もしかしたら、第3の選択肢が出てくることもありえます。

議論をするきっかけを提示したこと自体が、チームに対する大きな貢献となります。議論が盛り上がりすぎて収拾がつかなくなる可能性も含めて歓迎するスタンスが必要です。

「何を解決すべきか」をイシューで表現することで、本質に近づくことができます。そして、イシューにケリをつけたら、解決策立案に進みます。

ステップ4　解決策立案——勝ち方と儲け方

いよいよ解決策立案です。「課題を解決するためには何をすべきか」というアイデアを考えます。ただし、**「こんな面白いことができないか」という発想に走る前に、「事業全体**

の勝ち方（戦略）と儲け方（ビジネスモデル）」を考える必要があります。

自社らしい勝ち方と儲け方を意識したうえでアイデアを考えることで、大きなインパクトを生み出すことができます。これから「勝ち方（戦略）」と「儲け方（ビジネスモデル）」について、順に解説していきます。

事業の勝ち方：４つの戦略論

事業の勝ち方には、大きく分けて、４つの戦略論があります。すべての戦略を網羅しているわけではありませんが、自社の勝ち方を考える際に有効となる考え方を４つ紹介します。

1コスト・リーダーシップ戦略……シェアトップ企業が規模を活かし、安い価格で高品質の商品・サービスを提供する

2差別化戦略……特定セグメントの顧客ニーズに応えるためにバリューチェーンを強化する

3顧客ロックイン戦略……顧客に買い続けてもらうために囲い込む

4ソリューション戦略……顧客の要望に応える対応力を備えるために組織・人材を強化する

なお、この4つの戦略論のうち1つだけを選ぶということではありません。複数の考え方を活用することもあります。

1コスト・リーダーシップ戦略

シェアトップ企業がその規模を活かして勝つのが、コスト・リーダーシップ戦略です。いわば、王者の戦略です。

提供する商品・サービスをできる限り多くの方に買ってもらうことを目指します。ターゲットは全セグメントです。できる限り多くのお客様に買ってもらうために、高品質かつ低価格の商品・サービスを提供します。

そのときに力を発揮するのが、「規模」「範囲」「密度」の3つの経済効果です。

- **規模の経済**……規模が大きくなればなるほど、単位あたりのコストが小さくなる
- **範囲の経済**……事業を多角化した際に一製品や一事業あたりのコストを削減できる

●密度の経済……特定のエリアに集中して展開することで効率性を上げることができる

特に、多くのお客様に対して高品質かつ低価格の商品・サービスを実現するためには、大規模生産を実現しなくてはなりません。ビジネスの世界には、規模が大きい会社が強いという考え方があります。

規模を活かして、より多くのお客様にとって魅力的な商品・サービスを提供することで、多くの顧客に選んでもらう。これが、コスト・リーダーシップ戦略です。

なお、経営学上のコスト・リーダーシップ戦略の定義には、厳密に言えば、高品質の実現までは含まれません。しかし、業界トップ企業は実際、低コストと高品質の両立を目指すことが多いため、このように表現しています。

2 差別化戦略

すべての顧客ではなく、一部分のお客様を選んでビジネスを行うのが、差別化戦略です。「選んだお客様以外は捨てる戦略」とも言えます。

コスト・リーダーシップ戦略では全セグメントを狙いましたが、差別化戦略では特定のセグメントのニーズに特化した商品・サービスを提供します。自社が狙っている顧客の期待に応えればよく、自社が狙っていないセグメントの顧客には「欲しくない」と感じさせてしまっても構いません。

特定の顧客ニーズに応えることだけを狙って、バリューチェーンの重要な部分だけを強化します。その結果、他社にはない独自の特徴を出せ、一定の顧客から選んでもらうことができるのです。

3 顧客ロックイン戦略

繰り返し述べてきたように、より良い商品・サービスを提供していても、チャネル強化ができていなければ、自社商品・サービスをお届けすることはできません。

そこで、チャネルに注目し、ずっと買いたくなる、もしくは、ずっと買わざるを得ない理由を作ることで、買い続けてもらえるようにする戦略が、顧客ロックイン戦略です。

例えば、次のような状況を作り出すことで、顧客を囲い込むということです。

- 接客がさわやかで心地よいので利用してしまう
- すぐに来てくれるので、ついつい頼んでしまう
- メルマガ会員限定の特典を利用できるので頼んでしまう

●ポイントが貯まるので利用してしまう
●使い始めると慣れてくるので他に変えたくなくなる

顧客をロックインするには、商品・サービスの中身以外の面で顧客から選ばれるための仕組みが必要ということです。

4 ソリューション戦略

ソリューション戦略は、ここまで説明した3つの戦略とは少し種類が違います。

顧客からの相談を受けてから始まるビジネスで有効となるのがソリューション戦略で、法人向けのビジネス（B to Bビジネス）においては特に重要です。

ソリューション戦略では、顧客からの要望を聞き、パッケージの商品ではなく、その要望に応えるために提案を作り上げます。

まずは、「いかにして顧客から要望をもらうか」を考える必要があります。相談してもらうことがなければ、何も始まりません。顧客が実際に重要な相談をする相手は限られているため、その中に入り込まなければいけません。

そして、顧客から相談してもらうことができたら、その期待に応えなければいけません。顧客の要望は、どんどん難しくなっていくものです。その要望に応え続けるためには、あらかじめ仮説を立て、会社のバリューチェーンを強化しておく必要があります。今の仕事が忙しいからといって、その動きが疎かになってしまうと、2年後、3年後にお客様からいただく要望に応えることができなくなってしまいます。

会社のバリューチェーンを強化するには、社員のスキルやコンピテンシー（成果につながる行動特性）もあわせて強化する必要があります。さらには、社内のテクノロジー活用の強化も重要テーマになります。

「いかに儲けるか」を重視するビジネスモデル論

ここまで見てきた戦略論は「競合にいかに勝つか（お客様にいかに選ばれるか）」を重視する考え方でした。戦略を考えるとは、「事業部長の視点」でいう左側の企業行動を、右側にある会計数値やシェアという結果につなげるということです。

一方、これから見ていくビジネスモデル論は、「いかに儲けるか」を重視した考え方です。ビジネスモデルを考えるとは、「事業部長の視点」の左側と右側を一緒に考えるということです（図表26）。「こういう儲け方をしたら、こういう価値を提供できるのではない

図表26 ビジネスモデルを考えるときのコツ

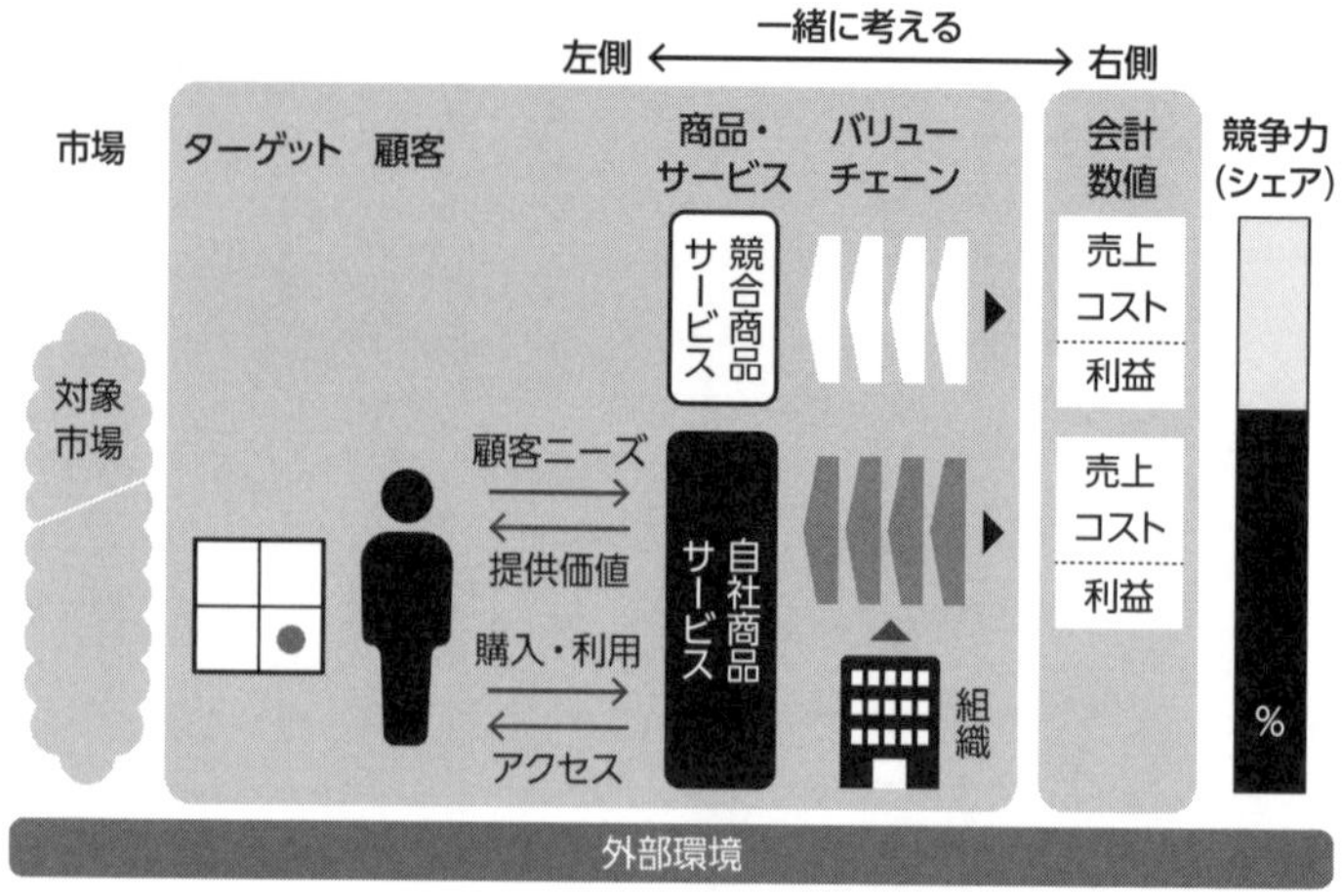

か」というように、これまでとは違った視点で新しいビジネスの展開方法を考えます。

つまり、**「ターゲット」「提供価値」「アクセス」「バリューチェーン」と「儲け（会計数値）」を組み合わせて、競合優位性を作ります。**特に最近は、すべてがネットにつながる時代となり、課金方法も柔軟に変更できるようになりました。例えば、音楽ライブやスポーツのチケットでダイナミックプライシングを導入し、空席状況に合わせて最適な価格を提示するなど、顧客への課金方法を変えることで、新しい価値を創りやすくなっています。

アイデアを創ってすぐに満足してはいけない

戦略論やビジネスモデル論を意識してアイデアを考えたら、実行策を決定します。

ここで、気を付けなければいけないのは、すでに述べたように、自分のアイデアを創ってすぐに満足しないということです。

どうしても、自分でアイデアを考えていると、そのアイデアに酔ってしまうものです。「このアイデアでいける！」と一足早く喜びたい気持ちが出てきてしまうのです。だから、**「このアイデアで本当に問題を解決できるのか」を冷静に判断しなければいけません。**

たいていの場合、過去に色々な施策が行われているものです。その施策と大して変わらないようなものであれば、これまで通りの結果になってしまいます。

また、同じような施策を競合もやっていないでしょうか？　そのアイデアに自社らしさが埋め込まれているかが重要です。自社の思いや戦略を意識した内容であるほど、成功確率が高まります。

さらに、失敗確率を低くするためには、他業界の失敗事例を知っておくことも重要になります。失敗事例から学ぶことで、同じ轍《てつ》を踏まずに済みます。

自分の考えたアイデアの良し悪しを見極めるためには、日頃からのインプットも重要です。世の中には成功事例や失敗事例があふれています。その因果関係を研究し続けることで、自分の仕事にも適用できる部分を発見できます。

インプットする際には、世の中の先を行く情報を見ることが重要です。情報が世の中に広がる際には流れがあり、例えば、新商品発売の情報は次のように広がります。

《プレスリリース→業界ニュース→新聞→テレビ》

これらの中でも、プレスリリースのような情報の元にあたることで、より新しい動きを知ることができます。その情報が業界ニュースや経済メディアで紹介されたのち、新聞やテレビで取り上げられます。

また、日本の情報だけを見るよりも、海外から情報を仕入れたほうが世の中の情報を早く手に入れることができるでしょう。日頃からインプットを積み重ねることでアイデアを見極める目を鍛えることができます。

ケーススタディ 実践編

どうすれば営業利益率を改善できるか？

ステップ1　問題分解

ケーススタディの舞台となるメガネフィットの経営企画室では、自社の利益率低下が解決すべき問題でした。

まずはここでも、問題がどこで起きているかを明らかにしてから、原因分析に取り組む必要があります。自社の利益率が低下しているからといって、全体として同じ傾向があるとは限りません。問題はどこかに偏って起きている可能性があります。

さまざまな切り口で問題を分解します。利益率を商品別、エリア別のほか、「売上」と「コスト」に分解し、詳細のデータを見てみることにしました（図表27）。

実際にデータを確認してみます。

● 3万円以上の高級価格帯の眼鏡の売上が低下している
● 3万円以下のリーズナブルな眼鏡の売上が伸びている

メガネフィットの価格帯別の粗利率を調べてみると、高級価格帯の商品のほうが粗利率が高いことがわかりました（図表28）。

ステップ2 原因分析

問題は、「利益率の高い高級価格帯の商品が売れず、利益率の低い低価格帯の商品が売れていること」と特定できました。続いて、その原因を分析します。

「事業部長の視点」を意識し、幅広く原因仮説を書き出してみました（図表29）。「それぞれの仮説がどのパターンなのか」を見出しにすることで、網羅的に仮説を出せていることも確認ができました。

次に、仮説の検証計画を考えます。図表30のように、それぞれの仮説を検証するために必要となるデータとデータ元を整理しました。

図表27 メガネフィットの問題（利益率低下）を分解

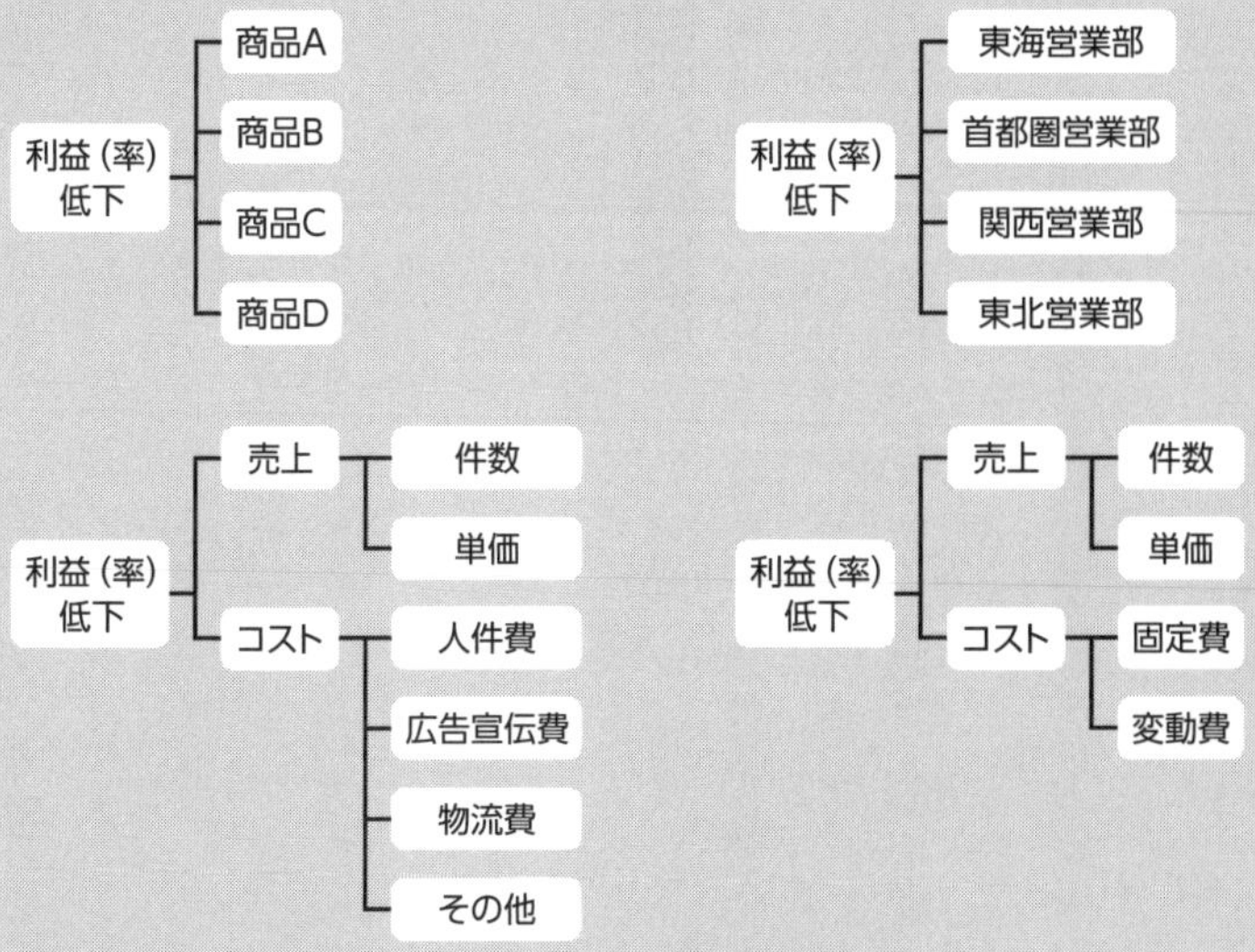

図表28 メガネフィットの価格帯別・売上構成比と粗利率

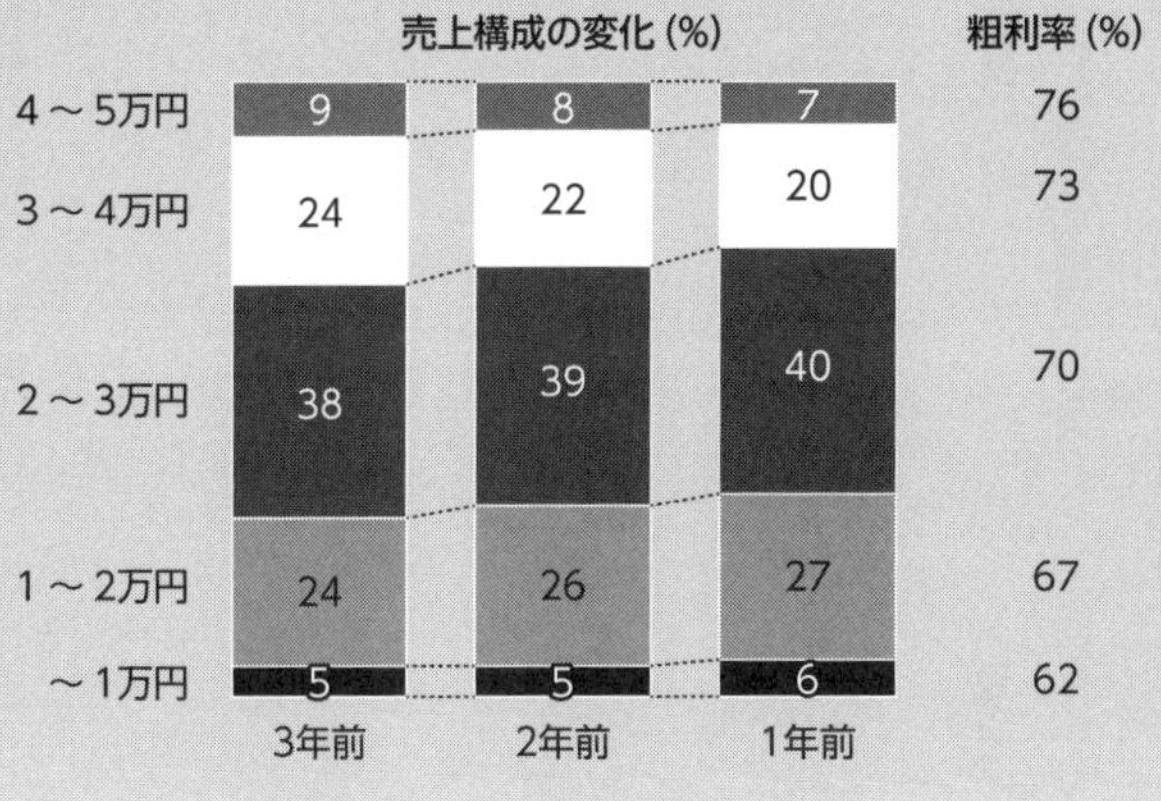

情報収集に移ります。この段階で気になる点があれば、上司に確認しておくつもりでしたが、今回は自分自身で考えることができました。次の課題抽出のプロセスに進みます。

ステップ3　課題抽出

仮説を検証するためにデータ収集を行いました。仮説に対してわかった事実を見てみましょう。

データ分析の結果

●市場：眼鏡・コンタクトレンズ市場に変化はないか？

大きな変化はなく、国内市場は４０００億円規模を維持している。眼鏡、コンタクトレンズともに大きな変化は起きていない。

●ターゲット：顧客の嗜好性が、ファッション性重視から機能性重視に変わっていないか？

健康志向のお客様が増えており、特に50代以降の顧客は眼が疲れないことを重視す

図表29 メガネフィットの利益率低下の原因仮説

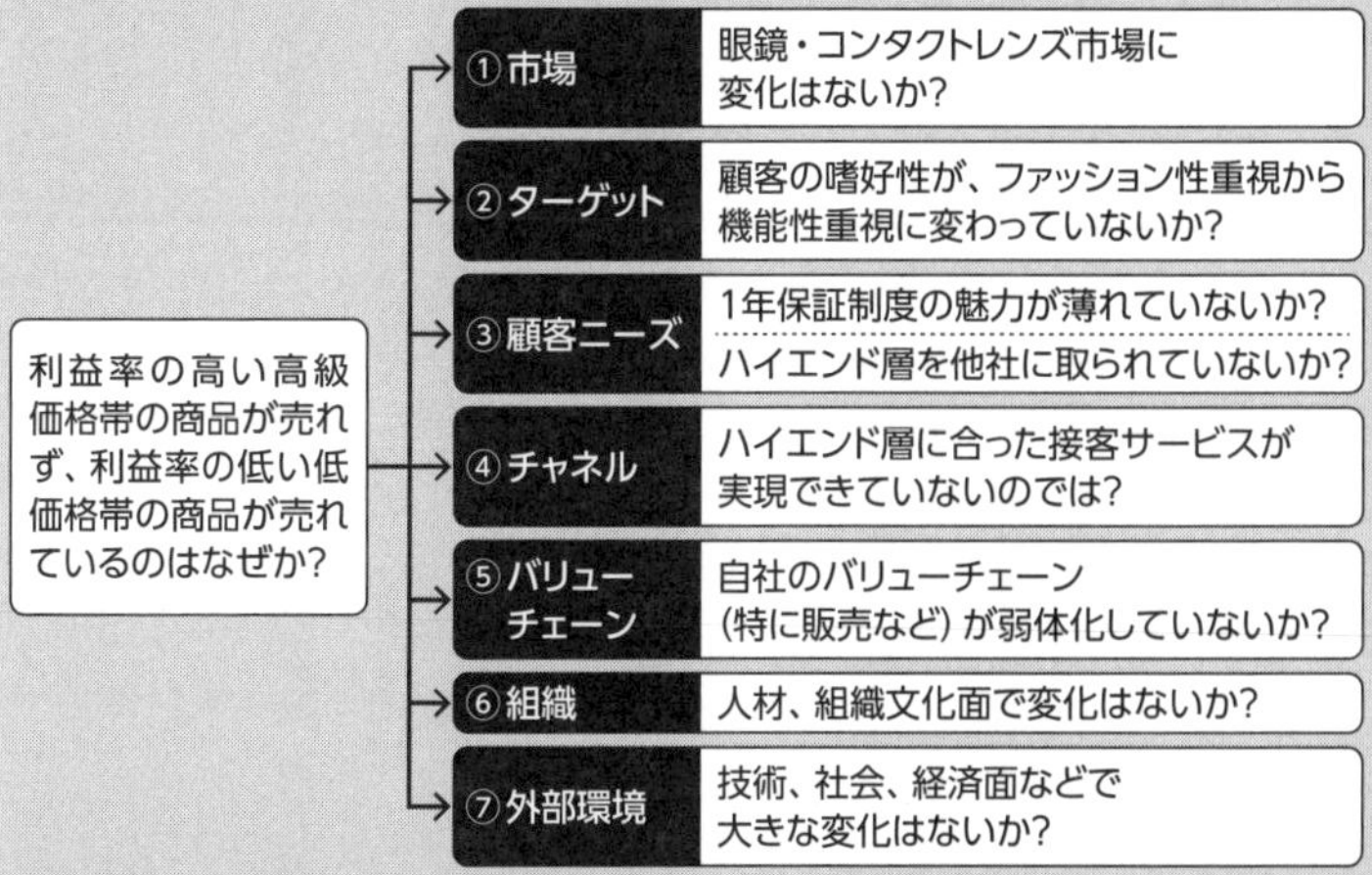
利益率の高い高級価格帯の商品が売れず、利益率の低い低価格帯の商品が売れているのはなぜか?
①市場
眼鏡・コンタクトレンズ市場に変化はないか?
②ターゲット
顧客の嗜好性が、ファッション性重視から機能性重視に変わっていないか?
③顧客ニーズ
1年保証制度の魅力が薄れていないか?
ハイエンド層を他社に取られていないか?
④チャネル
ハイエンド層に合った接客サービスが実現できていないのでは?
⑤バリューチェーン
自社のバリューチェーン(特に販売など)が弱体化していないか?
⑥組織
人材、組織文化面で変化はないか?
⑦外部環境
技術、社会、経済面などで大きな変化はないか?

図表30 メガネフィットの利益率低下の原因仮説:検証計画

仮説	データ	データ元
眼鏡・コンタクトレンズ市場に変化はないか?	市場規模推移	眼鏡協会データ / 統計データ
顧客の嗜好性が、ファッション性重視から機能性重視に変わっていないか?	購買要因の変化	顧客アンケート(ネット調査)
1年保証制度の魅力が薄れていないか?	顧客からの評価	ユーザーアンケート
ハイエンド層を他社に取られていないか?	他社販売動向	他社HP
ハイエンド層に合った接客サービスが実現できていないのでは?	接客時間 / 接客の質	店舗調査(観察)
自社のバリューチェーン(特に販売など)が弱体化していないか?	接客スキル	店長・店員インタビュー
人材、組織文化面で変化はないか?	従業員満足度 / 従業員定着度	従業員サーベイ / 離職率データ
技術、社会、経済面などで大きな変化はないか?	技術動向の変化	新聞・雑誌記事

るようになってきている。ファッション性を重視する顧客は、眼鏡を複数本持つようになっており、1〜2万円前後の眼鏡の購入が増えている。

●顧客ニーズ：1年保証制度の魅力が薄れていないか？

1年保証制度の評価に大きな変化はないが、1万円、2万円の眼鏡を購入しているお客様は、壊れたら次の眼鏡を購入する傾向がある。

●顧客ニーズ：ハイエンド層を他社に取られていないか？

顧客インタビューをした結果、ハイエンド層は、競合他社の眼鏡を買っていることが多いことがわかった。5万円以上の高級価格帯の眼鏡を希望の方は、ニューヨークメガネで海外ブランド品を購入していることが多い。

健康意識の高まりもあり、眼が疲れづらい眼鏡を選ぶ方も増えている。メガネ365は検査サービスの充実が評価されている。

●チャネル：ハイエンド層に合った接客サービスが実現できていないのでは？

お客様の容姿やファッションに合わせた眼鏡の提案を続けている。ただし、最近はマスクをつけていることが多く、お顔に合った眼鏡の提案が難しくなっている。

●バリューチェーン：自社のバリューチェーン（特に販売など）が弱体化していないか？

大きな変化はないが、新型コロナウイルスの影響で近距離での接客が難しい状況が続いており、自慢の接客力を活かすことが難しくなっている。

●組織：人材、組織文化面で変化はないか？

従業員満足度は、やや下がっている。接客サービスを実施するにあたって気を遣うことが多数出てきており、現場にストレスがかかっている。退職率に変化はない。

●外部環境：技術、社会、経済面などで大きな変化はないか？

他社ではセンサーが付いた眼鏡が発売されている。疲労度などを計測することができ、その状況を可視化し、生活に関するアドバイスをもらうことができる。

仮説を検証するためのデータ収集が完了しました。
次は、3Cを意識して課題を一文にまとめます。

《メガネフィットの課題は、ファッション性を重視する顧客がリーズナブルな眼鏡を何本も持つようになり、かつ、顧客の健康志向が高まった現状に対し、競合は眼が疲れないという価値を提供することができているが、自社はスタッフの提案力と保証制度を訴求するだけで高級価格帯の商品を買ってもらえなくなっていることである》

課題をまとめてみましたが、かなりの長文になっています。これでは、「会社の何を直すのか」が曖昧な状態です。そこで、課題をイシューに言い換えることで、その点を明確にします。

まずは、自社の現状を理解するためのポジショニングマップを作成しました（図表31）。縦軸はお客様が求める価値を表しています。「おしゃれさ（ファッション性）を重視するのか」と「眼に優しいこと（眼の健康）を重視するのか」です。横軸は価格帯を表しています。

メガネフィットは、これまでおしゃれな高価格の眼鏡を提供してきました。

しかし、状況に変化が起きていることがわかっています。顧客の嗜好性がおしゃれさ

図表31 メガネフィットのポジショニング（現状）

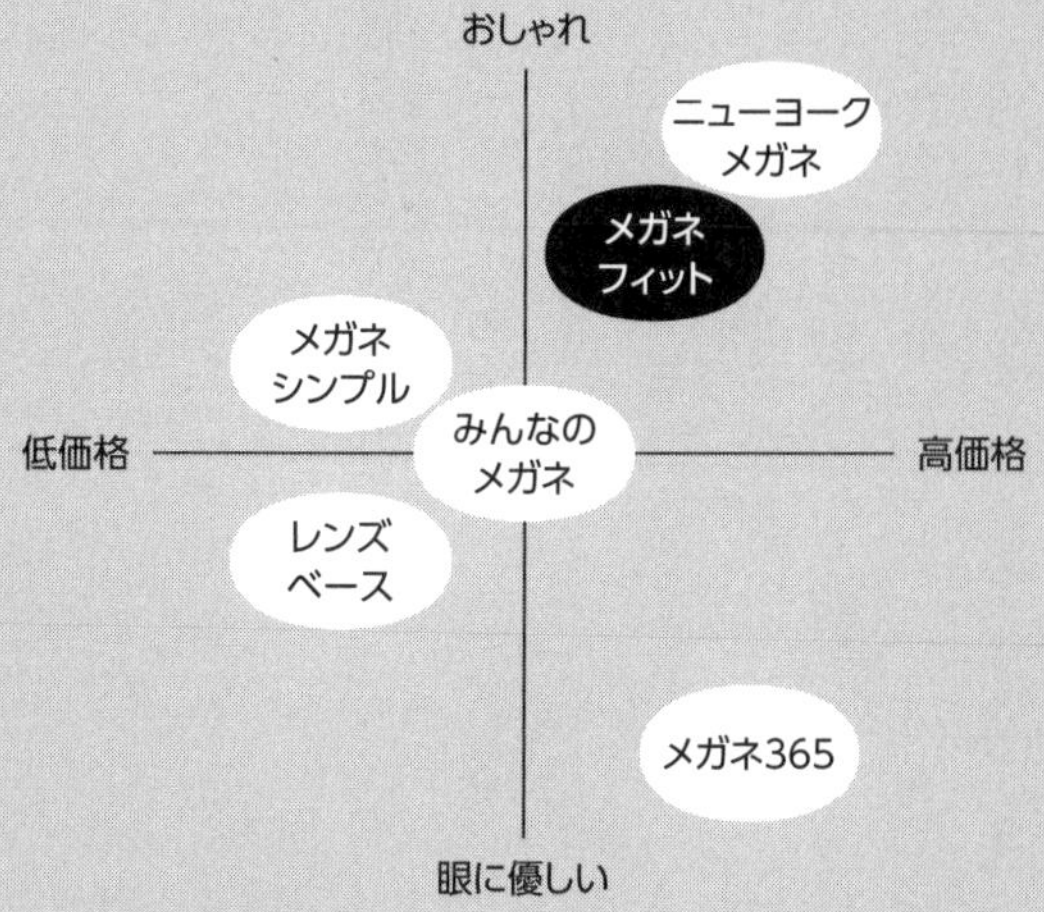

（ファッション性）から健康（眼に優しい）に変化した結果、メガネ365の人気が高まっています。また、おしゃれさを重視するお客様は、メガネシンプルなどの店で複数本の眼鏡を買うようになってしまいました。

さて、「メガネフィットは、これまで通りおしゃれさ（ファッション性）を重視していくのか、それとも、顧客の変化に合わせて新しい訴求価値を作り出していくのか」を決めなければいけません。特に、眼に優しいという価値を訴求すべきかもしれません。

これらの分析結果をふまえて、イシューをまとめます。

《メガネフィットのイシューは、『お客様に似合うおしゃれな眼鏡をこれまで通り提供するのか、それとも、今後は眼に優しい眼鏡という価値を提供してくのか』です》

さらに、このイシューに対する結論を明らかにするために、追加リサーチを行いました。すると、次のようなことがわかりました。

追加リサーチの結果

「健康志向のお客様は増えていますが、その数は劇的に増えているわけではありません。また、どの眼鏡店でも検査サービスが充実しており、これから眼が疲れない眼鏡を提供したからといって大きな魅力になるとは言えません。すでにメガネ３６５は眼が疲れないという価値提供を強化しており、この領域で戦うのは難しそうです」

「おしゃれさを重視するお客様をインタビューしたところ、一本の眼鏡をずっとかけるのではなく、何本も持っていたいという要望があることが確認できました」

「おしゃれさを重視した高級価格帯についてはニューヨークメガネが強く、海外ブランドを中心とした商品力が評価されており、現状のメガネフィットの商品ラインアップでは勝てなさそうです」

「ただし、お客様の話を聞いていると、おしゃれ重視のお客様は決して現状の眼鏡に満足しているわけではなさそうです。メガネシンプルなどのお店で購入した眼鏡を複数本お持ちのお客様からは、もっとファッション性の高い商品を選びたいという声をいただきました。また、高級価格帯の眼鏡をしているお客様からも、一本の眼鏡を使い続けるのではなく、シーンごとに眼鏡を使い分けたいという要望を聞くことができました」

これらの追加調査を行った結果をふまえ、次のような結論を出すことができました。

《眼に優しい眼鏡を提供する方向では勝ち目が低い一方で、今とやり方を変えてお客様に似合うおしゃれな眼鏡を提案すれば、お客様に価値を感じてもらうことができる》

ステップ4　解決策立案

いよいよ解決策を考えていきます。ただし、具体的なアイデアを考える前に、「いかに勝つのか（戦略）」と「いかに儲けるのか（ビジネスモデル）」を考えます。

メガネフィットがとるべき戦略は、「差別化戦略」と言えます。業界1位ではないメガネフィットは、ターゲット顧客を絞り、そのお客様に喜んでもらえるような商品・サービスを提供すべきです。

差別化戦略を考えるためには、他社とは違った新しい差別化の軸を作り出すことが必要です。「おしゃれな」眼鏡という軸だけでは、差別化ができません。

お客様からの声の中に、差別化のヒントがありました。メガネシンプルで購入した眼鏡を複数本持っているお客様からは、「もっとファッション性の高い商品を選びたい」という声をいただきました。また、高級価格帯の眼鏡をしているお客様からも、「一本の眼鏡を使い続けるのではなく、シーンごとに眼鏡を使い分けたい」という声を聞けました。

これらの声を参考に、これからのポジショニング（差別化戦略）を描きます（図表32）。縦軸は、お客様が求める価値を表しています。横軸は、眼鏡の利用方法、つまり「ずっと同じ眼鏡をかけるのか、それとも、シーンによって違う眼鏡をかけられるよう複数の眼鏡を持ちたいのか」を表しています。

メガネフィットのお客様のインタビューからは、「おしゃれな眼鏡をシーンによって使い分けたい」という声を聞くことができています。さらに追加調査した結果、年間、4万～5万円であれば複数の眼鏡を購入してシーンによって使い分けをしたいという顧客があ

図表32　メガネフィットの差別化戦略

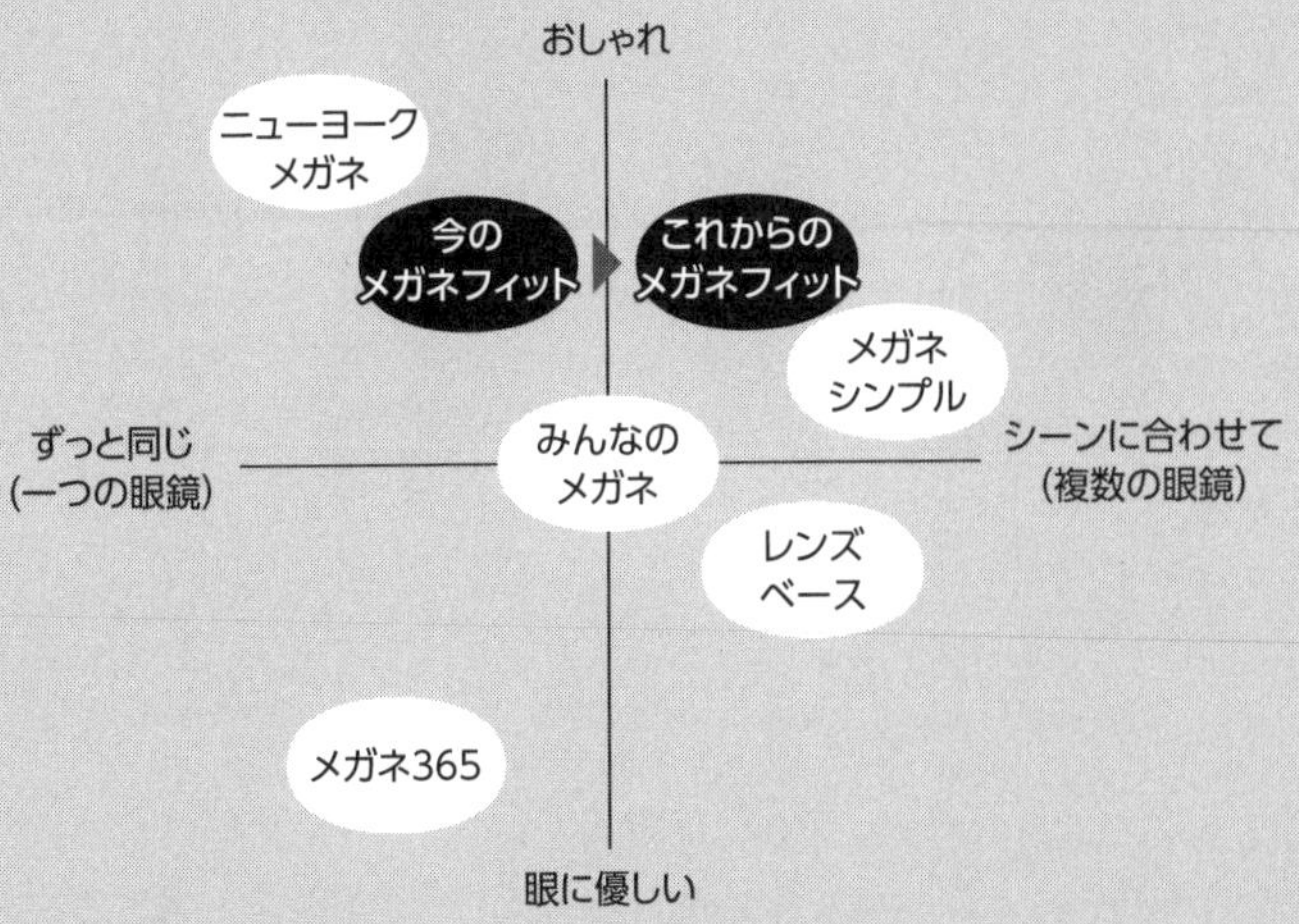

る程度いそうな感触を得ています。

今はそのニーズに応える競合会社は存在しません。ニューヨークメガネはおしゃれである一方で高級価格帯がメインであるため、複数持つことは難しいと言えます。一方、メガネシンプルであれば、価格としては複数の眼鏡を持つことが可能ですが、お客様はもっとおしゃれな眼鏡を持ちたいと思っています。

これまでのメガネフィットのポジションは、「おしゃれ×ずっと使える」眼鏡でした。しかし、今後は「おしゃれ×シーンに合わせて」という価値を訴求することで、今不満を抱えているお客様に喜んでもらえるのではないかと考えました。

さらに、新しいビジネスモデルについても検討し、アイデアをまとめてみました（図表33）。「アイデアの方向性」には、「会社の何を変えるか」を書き、それぞれに「アイデア」を考えました。

この中でも、サブスク（サブスクリプション：定額課金）サービスが有効であると考えました。まさに、複数のおしゃれな眼鏡を提供できる可能性があります。ただし、すでに眼鏡業界でも一部の競合でサブスクサービスが始まっています。また、アパレル業界などでも成功事例が生まれてきており、先行事例を参考にアイデアの詳細を詰めていく必要があります。

- ●眼鏡交換の回数や期間の条件をどうするか？（レンズ、フレームそれぞれ）
- ●利用料金の設定をどうするのか？
- ●サービスの解約条件をどうするのか？

他業界の調査を進めたところ、すでに失敗したサブスクサービスも発見しました。失敗の理由は色々なところにあるようです。

図表33 解決策のアイデア

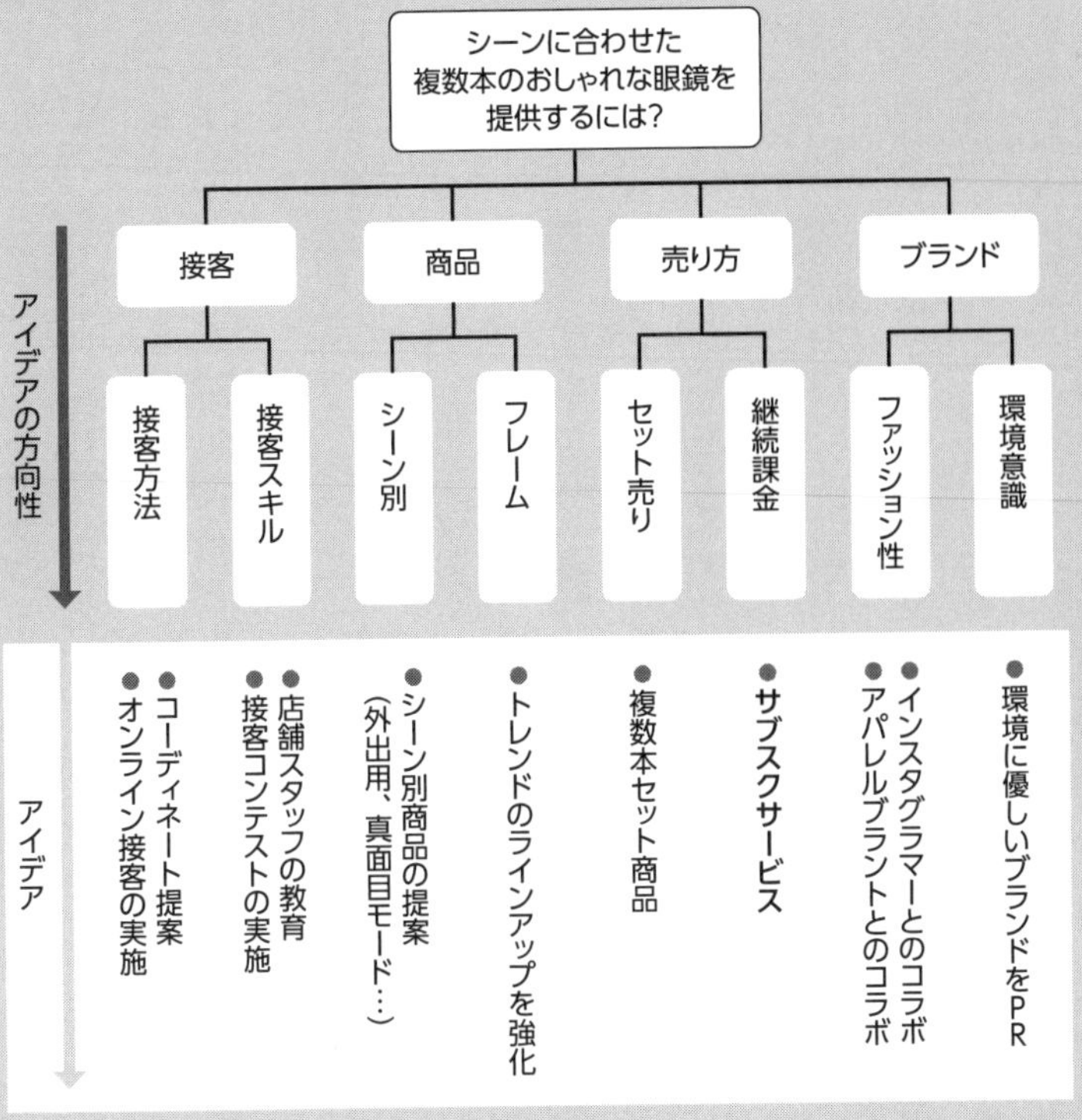
シーンに合わせた
複数本のおしゃれな眼鏡を
提供するには?
接客
商品
売り方
ブランド
アイデアの方向性
接客方法
接客スキル
シーン別
フレーム
セット売り
継続課金
ファッション性
環境意識
アイデア
●コーディネート提案
●オンライン接客の実施
●店舗スタッフの教育
●接客コンテストの実施
●シーン別商品の提案
(外出用、真面目モード…)
●トレンドのラインアップを強化
●複数本セット商品
●サブスクサービス
●インスタグラマーとのコラボ
●アパレルブランドとのコラボ
●環境に優しいブランドをPR

- ●モノのサブスクは、その運営コストが高くなってしまい収益性が厳しかった
- ●サブスクサービスが魅力的になりすぎて、既存顧客がそちらに流れてしまい、全社として売上・利益が大幅に落ちてしまった
- ●顧客の不満がＳＮＳで拡散してしまい、ブランドが大幅に毀損《きそん》した

まだまだ詳細を考える必要がありそうです。他にも、接客の見直し、商品強化、ブランディング強化などのアイデアを考えました。

具体的には、オンラインでの接客を実現し、おしゃれな眼鏡を提案できるのではないかと考えました。商品については、新たなシーン提案や新しい機能がついた眼鏡を提供することで、複数本の眼鏡を使い分けるメリットを感じてほしいと考えました。さらに、新しいメガネフィットの良さを感じてもらうために、ブランディングも強化していきたいと考えています。

多数のアイデアが出てきましたが、実施プランを決定するには、もっと追加の情報が必要です。今後追加リサーチを行ったうえで実行案を決定し、社長に提案したいと考えています。最終提案プラン作成まであと少し。この調子で問題解決に取り組み、メガネフィットの収益性アップにつなげていきたいと思います。

第4章

「新規事業部長の視点」で新しいビジネスを創る

——4つめの武器「ストーリー」

将来の不確実性が高まる中で、既存ビジネスの問題を解決するだけでなく、新しいビジネスを創ることが求められています。つまり、これまでにない価値を創造し、未来の会社の柱となるような事業を創造しなくてはならないということです。

すべてがネットにつながったことで、データ活用の成否が企業の明暗を分けるようになり、さらに、あらゆる業界に新しいプラットフォームが生まれるなど、ビジネスが複雑になっています。そのような中で、今の時代のビジネス要素を俯瞰《ふかん》的に捉えながら新しいビジネスを考える必要があります。

この章では、そのような新しい価値を生み出す思考法について、【ステップ1：気づき⇒ステップ2：売れるストーリー⇒ステップ3：できるストーリー⇒ステップ4：検証】の流れに沿って解説を行い、その活用方法をケーススタディで確認します。

ケーススタディ

いかにして新規事業プランを考えるか？

メガネフィットのここ数年は業績が低下傾向にありましたが、サブスクサービスを開始し、業績を回復することができました。

サブスクサービスでは、月額制のプランごとに交換できる眼鏡の本数と回数が決まります。お客様は、気軽にレンズ・フレームを変えることができるようになり、おしゃれをしたい顧客の心をつかむことができています。

サブスクサービスを実現するために、自社でサブスク業務管理システムも開発しました。顧客ごとに契約内容を管理することができ、どの店舗でもお客様の契約内容に合わせたサービスが提供できるようになりました。また、利用状況に応じてお客様にメールで案内も送ることもできます。来年には、決済システムと連動してお客様に請求できるようになります。

メガネフィットのサービスがどんどん進化しており、会社に活気が出てきています。先日も社長から、この調子でメガネフィットの価値を多くの方に届けていくために新しいチャレンジをしていきたい、という話がありました。

そんなある日、あなたがメールを開くと、人事部から新規事業プラン募集の案内が届いていました。募集要項には次のように書いてありました。

募集要項

- 全社員参加可能
- メガネフィットの新規事業プランの募集
- 眼鏡の販売ではなく、自社の強みを活かせる新しい領域に挑戦したい
- 2～3年後には収益化を目指し、3億円規模の売上を期待する
- これまでにない新しいビジネスプランを期待する
- ビジネスプランを作成して提出する。枚数・フォーマットは問わない
- 参加者全員に1万円
- 参加は個人でもグループでも構わない。1グループ最大4名まで
- 一次審査を通過したものは、プレゼン大会に進み、最終プレゼンは社長に対して行う
- グランプリになれば、事業化を検討する

参加するだけで1万円をもらえるというのは嬉しい提示です。グランプリになれば、新規事業立ち上げに取り組むことができます。

さて、あなたなら、この問題解決（新規事業プランづくり）にどう取り組みますか？

新規事業部長の視点とは

新規事業を考える際には、検討すべき要素をバランスよく考える必要があります。

新規事業部長の視点を持つことで、「誰に、どのような価値を提供し、どのようにマネタイズ（収益化）し、それをどう実現するのか」というビジネスプランを考えることができます。

【新規事業部長の視点】は7つの要素で構成されます（図表34：32ページの図表5と同じ図）。これは【事業部長の視点】をカスタマイズしたものになります。

新規事業部長の視点

①**誰に**……顧客の課題
②**何を**……提供価値
③**いくらで**……価格と課金方法
④**バリューチェーン**……オペレーション・マーケティング

図表34 新規事業部長の視点

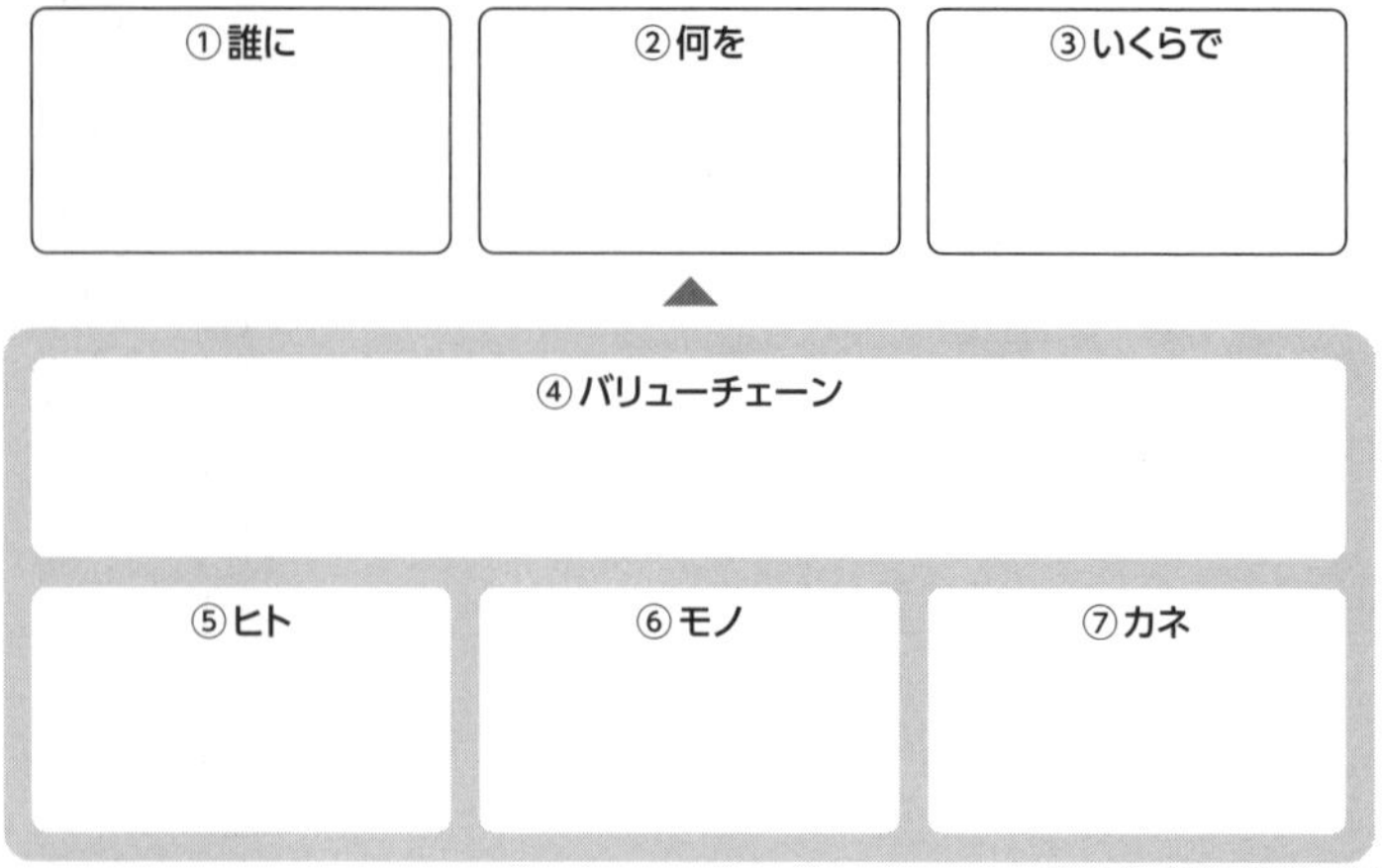

※32ページの図表5と同じ

⑤ヒト……チーム体制・人材
⑥モノ……投資計画とリスク
⑦カネ……収益性・キャッシュフロー

①②③の内容を考えると、【商品・サービス内容】ができあがります。①〜⑦まですべてを考えることができれば、【ビジネスプラン】の完成です。

新規事業の提案が通らない原因

「新規事業プランを作れ」と言われ、会社に提言しても、社長や役員にボコボコにされてしまうことがよくあります。せっかく頑張って考えたのに、まったく評価されないのです。

そうなると、もう二度と新規事業プランを出したくないという悪循環が働きます。

どうすれば、そのような事態を避けられるでしょうか。


新規事業の提案が通らない原因の一つは、考えるべきことを考えられていないことです。自分の思いついたアイデアに興奮してしまい、これで絶対いけるはずだとテンションが上がり、視野が狭くなってしまうことがあります。

ビジネスプランとして考えるべき要素を考えていないのです。

もうひとつの原因は、ビジネスプランとして検討すべき要素は網羅できているものの、それぞれの要素がつながっていないことです。

新規事業を考える際のフォーマットは、書籍やネットで調べればさまざまなものが見つかります。ただし、それらの中には、フォーマット通りに空欄を埋めただけでは、「なぜ成功が期待できるのか」が理解できないものも含まれています。

また、**新規事業の提案が通らない原因が、評価者にある場合もあります。**

自分の経験や勘に基づいて評価してしまい、新しい可能性を潰してしまうのです。新規事業を期待しているのに、自分が理解できるものだけを評価するのであれば、何のために新規事業プランを作ってもらっているかがわかりません。

評価者は、新規事業の可能性を見極めるための評価ポイントを持つ必要があります。

「売れるストーリー」と「できるストーリー」が必要

ビジネスプランを作成する際には、必ず検討すべき要素があります。さらに、その要素がつながっている必要があります。

そのつながりを「ストーリー」と表現しています。

ストーリーには2つあります（図表35）。「売れるストーリー」と「できるストーリー」です。魅力的なビジネスプランでは、この2つが成立しています。

売れるストーリーとは、先ほど紹介した「①誰に」「②何を」「③いくらで」提供するのかという3つの要素のつながりです。

この3つの要素がつながっていれば、顧客がその価値に対してお金を払ってくれることを意味します。

図表35　ビジネスプランに必要な2つのストーリー

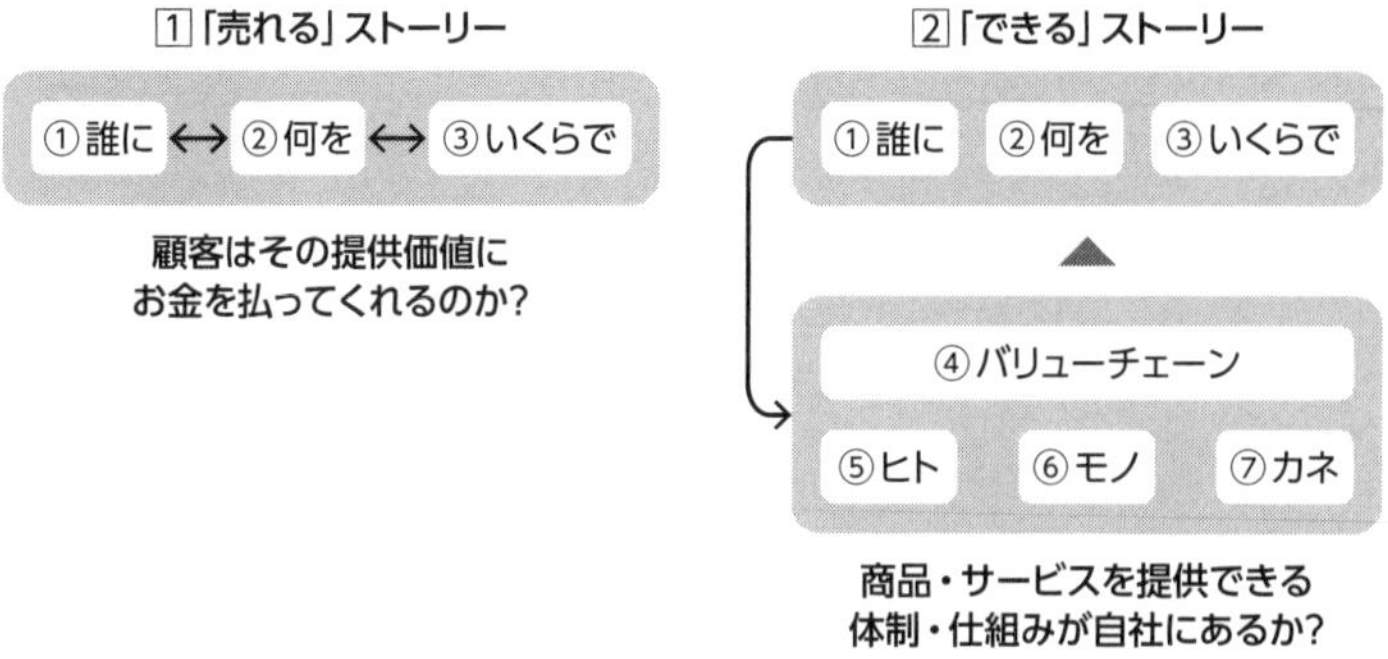

できるストーリーとは、商品・サービスを提供できる体制・仕組みが自社にあるというつながりです。つまり、商品・サービスを提供するために必要となる「④バリューチェーン」「⑤ヒト」「⑥モノ」「⑦カネ」を自社が用意できるということです。

いくら魅力的な商品・サービスであっても、自社の能力で提供が不可能であれば、机上の空論になってしまいます。また、競合他社がすぐに真似できてしまうようであれば、自社の商品・サービスが選ばれ続けることは難しくなってしまいます。

ステップ1

気づき
――最初は部分的なストーリーから始まる

ビジネスプラン作成の始まりは、何かしらの気づきです。

気づきはどこから生まれるかわかりません。シャワーを浴びているときに、こんな商品があったらよいのにとひらめいたり、お客様とやりとりしているときに、お客様が不満を抱えていることを発見したりすることがあります。

それは単なるきっかけにすぎませんが、**新しい気づきが徐々にビジネスプランになっていきます。最初は部分的なストーリーでまったく構いません。**

ビジネスプランが生まれる5つのきっかけ

新規ビジネスにつながる気づきがいつ出てくるかは予想できません。ヒントはどこに落ちているかわからないため、色々な瞬間での小さな気づきや違和感を大切にします。

気づきが生まれるきっかけは主に5つあります。

1 自分の中の感情

自分自身の感情に向き合うことで、世の中の直したいこと、解決したいことに気づけることがあります。

例えば、生活の中で感じた不便さを許せないという強い怒りが生まれることがあります。なぜ、そんなに自分が怒っているか問いかけてみると、自分の思いに気づくかもしれません。

そこまで強い感情でなくとも、ちょっとした違和感から気づくこともありえます。自分の感情に向き合い、なぜそのような感情になっているかを言語化することで、新しい気づきが生まれます。

2 目の前にいる相手の不満

目の前にいる相手（お客様）の様子や発言から、新しい気づきを得られる場合もあります。お客様が直接伝えてくれなくても、購入内容や購入時の様子を観察することで気づきを得られるかもしれません。

例えば、お客様の不便そうな様子やお客様からのクレームが新規ビジネスを生み出すきっかけになります。強い怒りは、期待の裏返しとも言えます。

3 自社の強み

自社の強み（他社にはない技術や人材面での強み）を認識し、その強みを活用した新しいビジネスを考えます。自社の強みには、営業力やブランド力なども含まれます。自社の強みを起点にすることで、今のビジネスの近接領域のアイデアを思いつくことができるかもしれません。

とにかくたくさんのアイデアを出します。そのアイデアの実現性は後で検討するため、アイデア出しの時点で考える必要はありません。どんどん思いついたことを書き出していきます。

4 業界に対する違和感

どの業界にも慣習がありますが、時代の変化についていけずマイナスに働いてしまうことがあります。しかし逆に、すぐに変えることが難しい長年の慣習や常識に対する違和感から新規ビジネスを考える気づきをもらうことがあります。

また、社内の会議やミーティングでの会話で感じた違和感から、新しい気づきを得ることもあります。

例えば、社内の多くの人間が「人手をかければかけるほど、サービスの品質は上がる」という常識を持っているとします。これを逆に言えば、「人数が少なければ、サービスの質は下がってしまうのは仕方ない」ということを意味します。

その考えは正しいかもしれませんが、もしかしたら、人手をかけなくても質の高いサービスが提供できるかもしれません。こういった常識を壊し、今までとは違った良さを実現できないかを考えます。

5 世の中のトレンド

伸びている市場はビジネスチャンスが大きいですから、世の中の大きなトレンドに注目し、そのトレンドに乗って何かできないかと考えます。

テクノロジーの進化などをきっかけに新しい市場が生まれる場合、最初は怪しい世界であると見られることも多いのですが、早い段階から市場に参入することができれば先行者利益を獲得できます。また、多くの企業が新規参入する市場が発生した場合、その企業をサポートするようなビジネスにもチャンスが生まれます。

伸びている市場には競合も多く参入してきて、競争が激化しますが、それでも多くのチャンスが生まれます。例えば、直近で言えば、メタバースは大きなトレンドになっています。

色々なきっかけで新しい気づきが生まれます。

こういった気づきを意識的に生むためには、あらかじめテーマを決めておいて日々情報収集を行っていくとよいでしょう。世の中を観察するといってもフォーカスが定まりません。

自分自身や会社として注目したいテーマを5〜10程度持っておくとよいでしょう。

ステップ2 売れるストーリー ——「①誰に」「②何を」「③いくらで」

ステップ2では、売れるストーリーを考えます。

売れるストーリーとは、先ほど紹介した通り、「①誰に」「②何を」「③いくらで」提供するのかという3つの要素のつながりです。

この3つの要素について何を考える必要があるのか、具体的に見ていきます。

①誰に：顧客の課題

新規ビジネスにつながる気づきが生まれるきっかけは色々ありましたが、一番意識すべきは顧客の課題です。

顧客は誰であり、その顧客はどのような課題（困りごと）を抱えているのかを発見する必要があります。

■顧客はどのような課題を抱えているか？

まだ解決されていない課題を抱えているお客様を発見することができれば、大きなビジネスチャンスとなる可能性があります。

ただし、ステップ1で自分の中に生まれた気づきが、すでに具体的な商品・サービスのアイデアの場合もあります。

「こんな商品やサービスがあったらいいのに」というアイデアが出てくることはとても自然なことですが、その商品・サービスによって、誰のどんな課題を解決できるだろうかと必ず考えてみなくてはなりません。「そういう課題がきっと存在するのではないか？」

図表36 利用プロセスに沿って顧客の課題（不満点）を探る

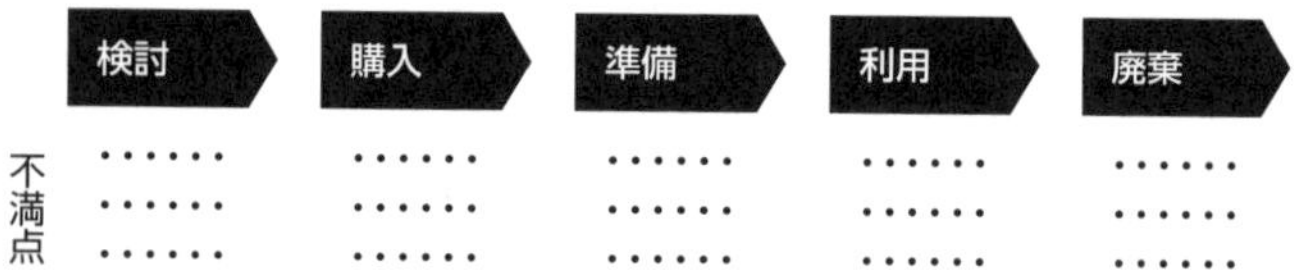

という頭の中の想像だけでビジネスプランを進めてしまうと、後で痛い目にあいます。

「実際に顧客の課題が存在するか」を確認するには、その対象となる顧客候補に直接インタビューをします。そして、「顧客がどのような課題（不満点）を抱えているか」をまとめます。

その際には、図表36のように商品・サービスの利用プロセスを書き出します。顧客の立場で、買う前（検討）から利用後（廃棄）までのプロセスを点検し、不満を発見します。

提供側の立場で考えてしまうと、購入後からの話しか見えなくなってしまうため、顧客の視点で検討段階から描いていく必要があります。

■どれくらいの市場規模なのか？

顧客の課題が明らかになったら、「そのような課題を持った顧客はどれくらいの規模（何人・何社〈何億円〉）で存在するか」を調べます。顧客の課題が強く存在したとしても、その顧客の数が少なければ、ビジネスとしての可能性は期待できません。

市場規模を調べる際に有効となる考え方が、セグメンテーションです。「市場の中で、自社がターゲットとする顧客はどのようなニーズを持った人なのか」を、そのニーズごとに分類することがセグメンテーションです。

セグメンテーションの切り口は、個人であれば地域、人口動態、心理などがあります。法人の場合には、企業属性や従業員規模などさまざまな切り口が考えられます。

この切り口がユニークであれば、これまでに他の企業が発見していなかったターゲットセグメントを狙ったビジネスを考えることができていると言えます。

市場の中で、自社が狙うターゲット（セグメント）がどれくらいの規模なのかを計算します。

■どのような構造的な課題（チャンス）があるか？

「なぜ、顧客の課題は発生し続けているか」を業界全体の構造から調べていきます。業界にどのようなプレイヤーが存在し、それぞれがどのような力関係になっているかを分析するためです。

その際に有効なフレームワークが「5F《ファイブフォース》」です。5つの力（Forces）という意味で、図表37に示したように、「売り手の力」「買い手の力」「代替品」「新規参入者」の4つの要素と、「市場内の戦い」との関係性を見ることにより、業界の構造を知ることができます。

さらに業界の構造を分析することで、「なぜ、顧客の課題が残り続けているか」がわかれば、「何を解決すればよいのか」をマクロの視点から把握できます。

5F以外にも活用できるフレームワークはあります。

まず、SWOT《スウォット》（強み〈Strength〉、弱み〈Weakness〉、機会〈Opportunity〉、脅威〈Threat〉の頭文字から命名されたフレームワーク）です。自社の外部環境および内部環境のプラス面・マイナスを整理することができます。その結果、その業界に存在する機会に対して、自社の強みをどう活かすかを考えることができます。

図表37　構造的な課題（チャンス）を探るためのフレームワーク

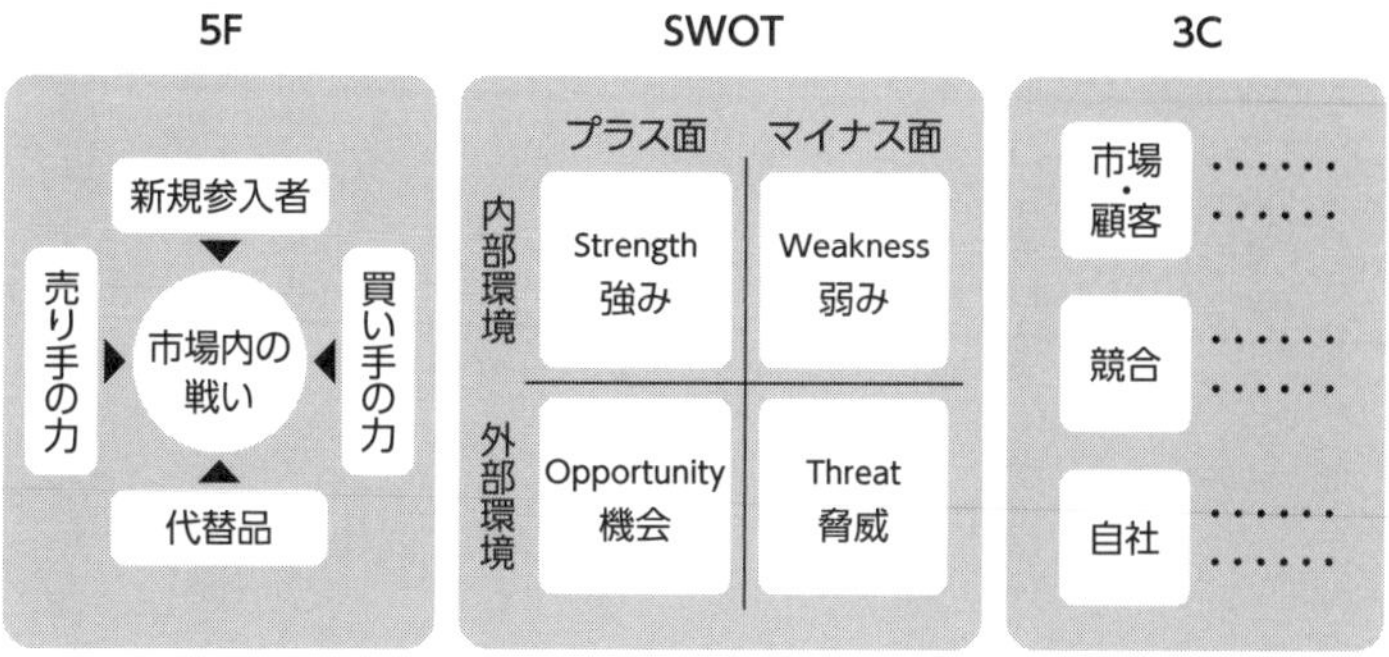

176ページで紹介した3C（市場・顧客〈Customer〉、競合〈Competitor〉、自社〈Company〉の頭文字から命名されたフレームワーク）も有効です。市場・顧客の変化に対する競合の動きを考察し、まだ対応できていない部分に自社の強みを発揮できるのであれば、それは自社にとって大きなチャンスとなります。

②何を：提供価値

続いて、「具体的に何を提供するのか」と「その商品・サービスによってどのような価値を提供するのか」を考えます。

■具体的に何を提供するのか？

顧客の課題を解決するために何を提供するかを考えます。次にあげた内容について、できる限り具体的に考えることで、「どのような機能が必要なのか」を明らかにします。

●商品名
●キャッチコピー
●特徴

文字で表現するだけでなく、チラシで商品・サービスのイメージも作成します。絵が得意であれば、イラストを描くのもよいでしょう。絵に自信がなくても、フリーの写真素材などを活用し簡単に商品イメージを作成することは可能です。文字だけでは商品の魅力は伝わりづらいため、チラシは早い段階で作ってしまいます。ビジュアルのうまい下手ではなく、誰に対してどんな体験を提供するのかをわかりやすく伝えることが目的です。

図表38 **提供価値はポジショニングマップで検討する**

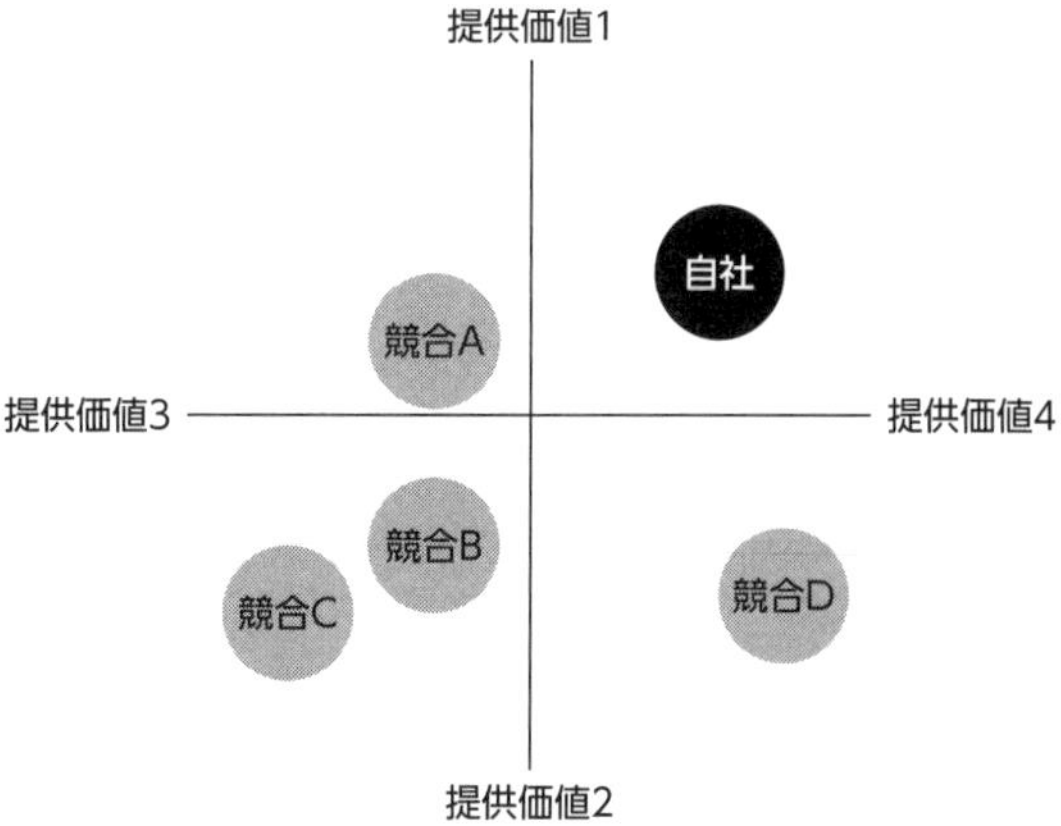

■提供価値は？

「その商品・サービスはどのような価値を提供するのか」を考えます。

ここで考える価値には、情緒的価値と機能的価値があります。

情緒的価値とは「顧客の心に訴えかける価値」で、機能的価値とは「機能面において顧客に提供できる価値」です。

さらに、「その価値は競合の商品・サービスとどのような違いがあるのか」を明らかにします。その際に活用できるのが「ポジショニングマップ」です。

ポジショニングマップでは、「顧客への提供価値」を2軸で表現します。図表38のように、「自社商品・サービスがお客様にどのような価値を提供できるか」を2軸上にプロットします。

これまでにない新しい価値を提供するためには、「縦軸・横軸の提供価値を何にするか」が非常に重要になります。その提供価値を顧客も重要視してくれるのであれば、新しいポジションを獲得できる可能性が高まります。


ポジショニングマップを描いたら、「そのポジションを取るために必要となる顧客体験や機能」についても検討します。

情緒的価値を提供するのであれば、マーケティングや顧客体験の工夫が必要になります。機能的価値で差別化するのであれば、その価値を実現するための性能や技術が必要となります。

③いくらで：価格と課金方法

提供する商品・サービスが固まったら、次は価格と課金方法を決定します。提供価値に合った価格を設定することができれば、顧客は購入してくれます。

■どのような方法で課金するのか？

課金方法を考えるとは、「誰から」「どのように」「いくらで」購入してもらうかを決定することです。

多くの場合、「誰から」お金を払ってもらうかは利用者になりますが、利用者と購入者が異なることがあります。

例えば、受験対策予備校であれば、利用者は子供になりますが、購入者は親になることが多いでしょう。BtoBサービスの場合にも、利用者と購入者が異なることがあります。

「どのように」とは、何に対して料金を払ってもらうかです。

モノ売りであれば、モノの購入代金として対価をいただきます。ただし、ビジネスはモノ売りだけではありません。モノを販売せず、利用料金をもらうこともあります。

最近は、定額課金（サブスク）のように、さまざまな課金方法が生まれています。利用量に応じた課金もあれば、利用期間に応じた課金もあります。

「いくらで」購入してもらうかは最も難しい検討事項です。価格決めは経営だと言われるくらい、ビジネスの成果に大きな影響を及ぼします。

価格を決定する際は、多面的に検討を行います。

まず、コストを積み上げて、会社に求められる利益金額を足して価格を決定する方法があります。

ただし、その価格で勝負ができるとは限りません。「競合の価格と比較して、どのような金額に設定するとよいか」も検討します。

さらに、「商品・サービスが提供する価値に対して、どれくらい顧客の需要があるか」を考慮して、最終的に価格を決定します。顧客の需要を計測することは難しいですが、インタビューやアンケートなどを通じて調べていきます。

■売上はどれくらい期待できるか？

価格が決定したら、売上見込みを計算します。

新規ビジネスにおいては、一定の売上規模を期待されることがあります。その規模を満たす可能性が低いのであれば、この段階でプランの練り直しが必要となりますから、早い段階で「どれくらいの売上が期待できるか」を概算します。

計算式は「購入人数（社数）×頻度×単価」ですが、あくまでも見込みですから、計算する際には「購入人数はだいたいこれくらい」などといった恣意的な前提を置かざるを得ません。

そこで、可能であれば2通り以上の計算を行います。計算が1通りだけだと妥当性の判断が難しいですが、2通り以上の計算をすることで、その売上見込みの納得感を上げることができます

売上見込みが算出できたら、その売上規模が「市場全体のどれくらいのシェアを獲得するものなのか」も計算します。そうすることで、算出された売上数値が現実的な数値であるかを確認できます。

それでも、売上の確からしさに怪しさは残りますが、不確実性が残るのが新規ビジネスです。前提を丁寧に置いた数値であれば、それで問題ないと判断して思考を進めていきます。

■利益は出るのか?

売上の見込みを立てた後は、営業利益も計算します。売上よりも利益が大切です。

営業利益とは、このビジネスを運営することによって生み出すことができる利益のことです。営業利益率が会社として期待値を超えるものであるかを確認します。

営業利益を計算するには、まず、必要となるコスト（製品・サービスを作るために必要となるコスト〈売上原価〉や、販売・運営するために必要となるコストなど）を足し合わせます。その合計額を見込まれる売上から引いて、最終的にどれくらいの営業利益が期待できるかを計算します。

気を付けなければいけないのは、コストのヌケモレです。これは、意外と発生します。既存事業であれば全社費用として計上されるため無意識に使っていたコストでも、新規事業自体として負担しなければいけません。サーバー費用やオフィス利用代金などもコストに含めて計算していきます。

なお、この時点では詳細な計算は難しいため概算で構いません。

さらに、売上がどれくらい上がれば、利益を生み出すことができるかを計算します。その結果をまとめたのが、図表39の損益分岐点図表です。

損益分岐点図表では、縦軸に費用（コスト）、横軸に売上を書きます。コストは、固定費と変動費に分けます。固定費とは、売上金額に関わらずかかってくるコストです。変動費とは、売上が上がっていくと増えていくコストのことです。

図表39　利益が出る売上（損益分岐点）を探る

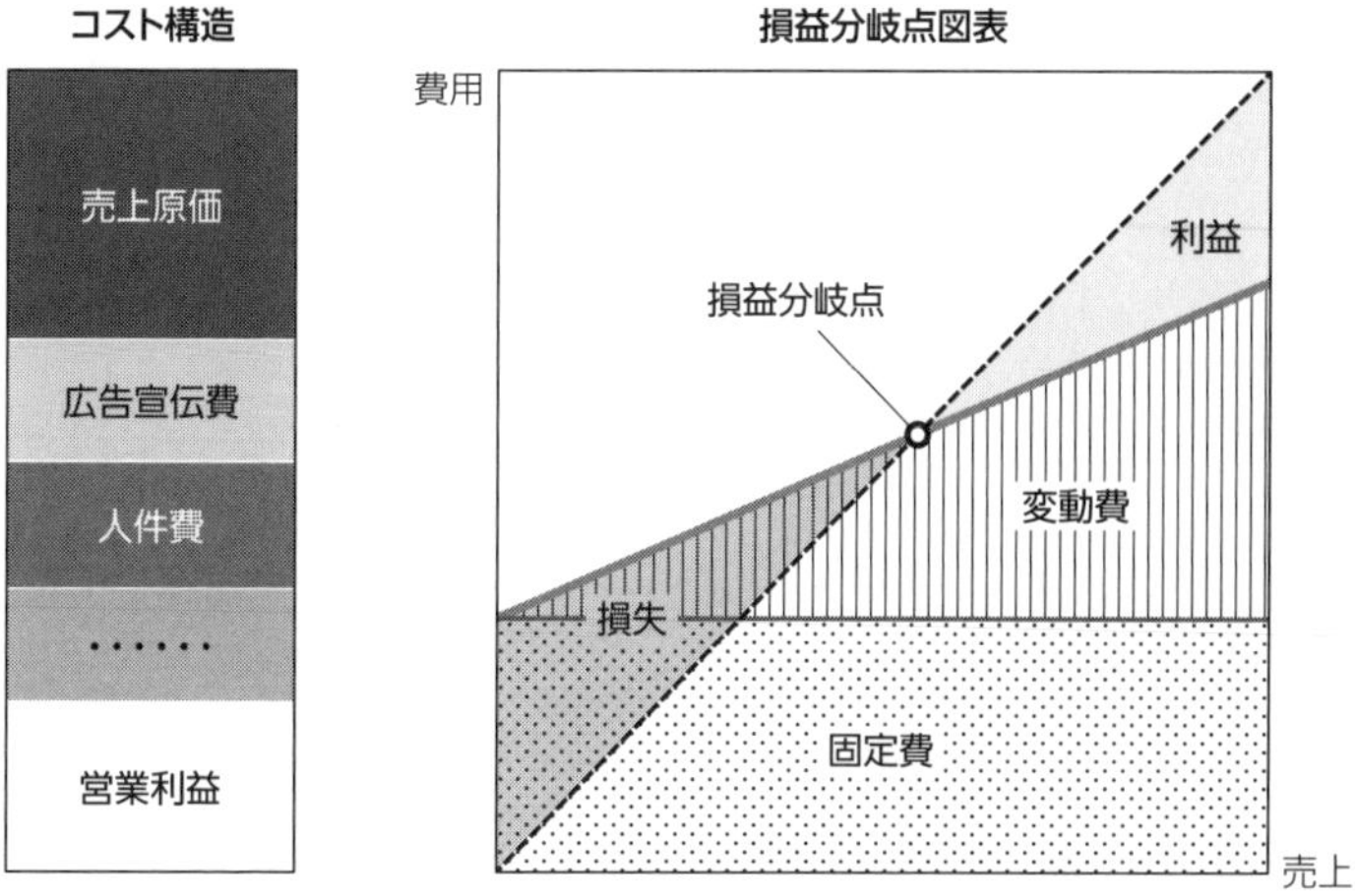

費用と売上が同じになる点で利益がゼロになり、損益分岐点と呼ばれます。その基準よりも売上が大きければ利益が出ますが、売上がそれよりも小さければ損失が出ます。

この損益分岐点を認識することで、「どれくらいの売上を上げれば利益を出すことができるのか」を理解できます。

ビジネスはやってみなければわからないですが、大きな売上を出せなければ利益が出ないのであれば、難易度が高いビジネスである可能性が高いと言えます。もちろん、それだけでやるべきではないと判断するわけではないですが、難しいビジネスに取り組もうとしているという認識を持てます。

「売れるストーリーがあるのか」をチェックする

ここまで見てきた「①誰に（顧客の課題）」「②何を（提供価値）」「③いくらで（価格と課金方法）」の3つの要素につながりがあるのか――すなわち、売れるストーリーがあるのか――を見極めるためには、2つのポイントでチェックします。

■「①と②」「②と③」がつながっているのか？

まずは、「①顧客の課題」と「②提供価値」がつながっている必要があります。言い換えると、顧客が抱える課題をその商品・サービスが解決するのかの確認です。

それぞれの要素を検討する際にも、この点は考えていたはずですが、人間はどうしても細かい点にこだわってしまい、各要素がつながっていないことがあるため、もう一度確認します。②を提供することで、本当に①は解決するのかを確認してみましょう。

よくあるケースとして、②に関しては具体的に考えられている一方で、①の顧客の課題について具体的に認識できておらず、かなりボンヤリとしか理解できていないことがあります。それでは、①と②はつながっているとは言えません。①と②のつながりを確認する際には、①と②それぞれが具体的に認識できているかに注目する必要があります。

①と②のつながりを確認したら、「②提供価値」と「③価格と課金方法」のつながりを確認します。言い換えると、顧客はその提供価値にお金を払ってくれるかの確認です。顧客は商品やサービスに価値を感じていますが、その価値に対して、価格は見合っているのでしょうか。価格を決定する際に企業目線で値決めをしてしまい、企業有利の条件になっていることがあります。

そのため、顧客に「その価格を払いたい」と思ってもらえるかを確認します。

■つながりの中に新しさがあるのか？

①と②と③のつながりを確認しましたが、それだけでは不十分です。もし、そのつながりの中に新しさがなく、すでに世の中に存在するのであれば、今から新商品・サービスを出したとしても既存商品と何ら変わらないため売れる可能性は低いからです。

①②③のどこかに新しさがあるのかをチェックします。

まずは「①顧客の課題」の新しさについてです。

「これまで誰も気づいていない顧客の課題を発見しているのか」をチェックします。

これができれば、大きなビジネスチャンスにつなげることができます。

ただし、顧客の課題が必ずしも新しい発見である必要はありません。既知の顧客の課題に対して、②もしくは③に新しさがあるなら、それで問題ありません。

続いて「②提供価値」の新しさをチェックします。

提供価値には、何かしらの新しさが含まれている必要があります。「これまでにある商品と何が違うのか？」をチェックします。

商品にどこか新しい価値がなければ、新商品としての価値はないと言えます。

ただし、①にも②にも特に新しさはないが、③に新しさがあるというパターンも存在します。

最後に「③価格と課金方法」の新しさをチェックします。

価格と課金方法の新しさとは、例えば、これまでよりも断然安い価格を用意するというのも一つです。これまでは前払いだったが、後払いでよいということであれば、お金の支払い方法に新しさがあります。

課金方法自体が顧客への新しい価値につながっていくこともあり得るのです。

つまるところ、①と②と③がつながっていて、そのどれかの要素に新しさがあれば、売れるストーリーができあがっていると言えます。

もちろん、本当に売れるかどうかは、実際にやってみないとわからないことが多いのも事実です。ただし、何度も何度も売れるストーリーが成り立っているかを確認することで新規事業プランの精度を高めることができます。

ステップ3 できるストーリー ――「④バリューチェーン」「⑤ヒト」「⑥モノ」「⑦カネ」

ステップ3では、ビジネスプランに必要となる要素を考え、自社の「できるストーリー」が成り立っているのかを確認していきます。

先ほど、「『誰に、どのような価値を提供し、どのようにマネタイズ（収益化）し、それをどう実現するのか』というビジネスプランを考える」という言い方をしましたが、**要す**

るにビジネスプランとは「事業を実現するために必要な要素を記載した計画」のことです。

まずは、ステップ2で検討した「商品・サービスの内容」を販売したり運営したりする際に必要となるリソースを明らかにします。具体的には、209～210ページで紹介した「④バリューチェーン」「⑤ヒト」「⑥モノ」「⑦カネ」のそれぞれの要素を考えていきます。

④バリューチェーン：オペレーション・マーケティング

商品・サービスの運営体制および販売方法を考えます。

■価値提供に必要な仕組みや業務の流れは？

商品・サービスの提供に必要となる業務の流れ（オペレーション）を考えます。

まず、バリューチェーン（企業活動）の流れ――つまり、調達、生産、物流、マーケティング、販売、アフターフォローなどの一連の流れ――を考える必要があります。また、お金やデータの流れなども詳細を検討します。

それらの検討内容をもとに、図表40のようにバリューチェーンを1枚の図に描くことで、「どのように商品やサービスを提供し、どのように儲けるのか」という全体の流れをわかりやすく説明できるようになります。

■どのように販売・マーケティングを行うのか？

「どうやってお客様に知っていただき、興味・関心を持ってもらい、最終的に買ってもらうか」というマーケティングフロー（図表41）を設計します。法人向けビジネスの場合も同様に、「どのように決裁者にアプローチをして、商談の場を作るか」を考えます。

販売先として見込めそうな顧客リストも作成します。

その際に気を付けたい点は、現在お付き合いがあるから買ってくれるであろう販売先を過大に評価しないことです。買ってくれることはありがたいですが、自社の商品・サービスの魅力を過大評価してしまい、拙速な大規模投資の論拠にしないよう気を付けます。

直販だけでなく代理店ビジネスを行う場合には、取引可能な代理店候補もまとめます。

図表40 バリューチェーンを図にする

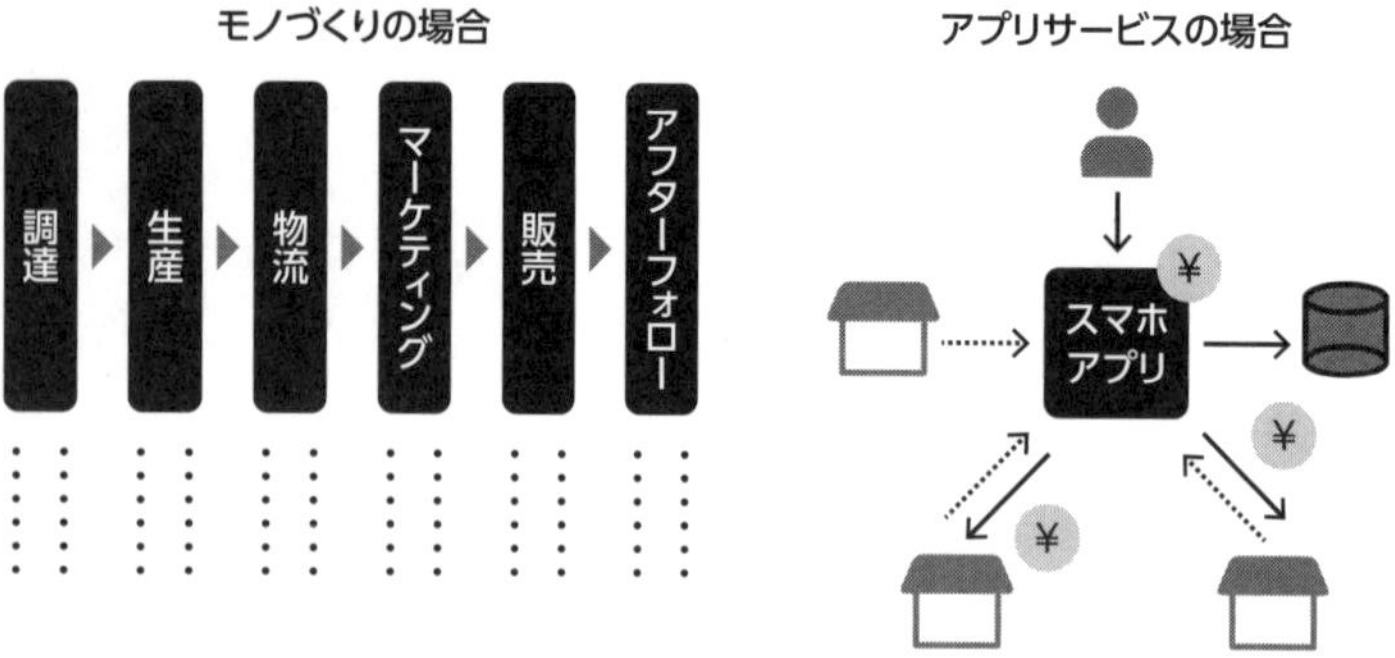

図表41 顧客に買ってもらう仕組みを設計する

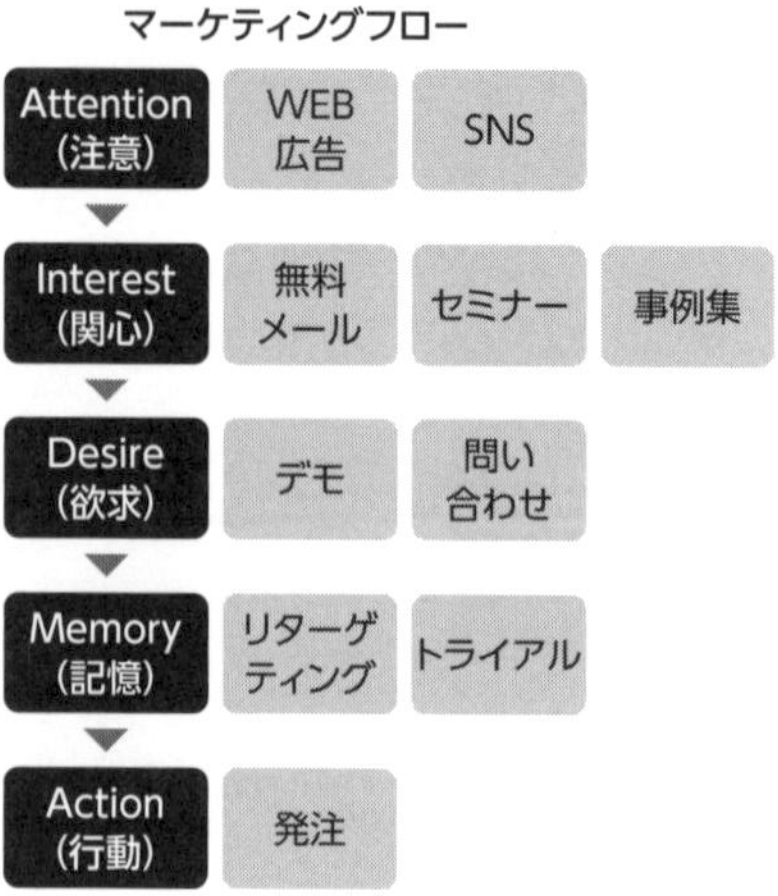

販売先（代理店候補）

販売先（代理店）	期待値	特徴
A社	A	
B社	A	
C社	B	
D社	B	
E社	C	
F社	C	
G社	C	

⑤ヒト：チーム体制・人材

新規ビジネスを運営するために必要なリソースを準備します。さらに、「なぜ、この新規事業に取り組むのか」という思いを言語化します。

■どのようなチーム体制で取り組むのか？

ビジネスを立ち上げて、運営するためにはチームの力が必要になります。「どのような役割と人材が必要か」を明らかにして、チームを組成します。

立ち上げ当初は少数精鋭でチームを作り、全員が何でも屋になるという前提でチームメンバーを考えます。

新規ビジネスでは、想定外のことも多く発生するため、柔軟に動けるメンバーが必要になります。新規ビジネスを立ち上げるためのスキルを持っていることは必要になりますが、それ以上に、新しいチャレンジを柔軟に取り組める体制のほうが重要です。

会社のマネジメント層は、「既存事業に取り組みつつ、新規事業にも取り組んでもらい、うまくいったら新規事業に専念してほしい」と思いがちですが、中途半端なリソースと気持ちではうまくいきません。新規事業を立ち上げるためには、しっかりと新規事業に向き合えるチーム体制を小規模でもよいので整えるべきでしょう。

■どのような思いで事業に取り組むのか？

新規ビジネスを実施したい理由は、儲かるからだけでしょうか。そこには、個人やチームの思いがあるはずです。その思いを言語化することで、チームとして大切にしたい軸を明確にします。

「どのような世界を実現したいのか（ビジョン）」「我々は何をするために存在するのか（ミッション）」をチームで話し合って言葉にしておくとよいでしょう。

新規ビジネスをスタートした後に、軌道修正を求められることは多々ありますが、チームとしての思いは大切にします。

⑥モノ：投資計画とリスク

新規ビジネスを行うためには、多額の投資が必要になることがあります。設備投資やシステム開発などの投資がどの程度必要なのかを計算します。

■どの程度の投資を行うのか?

事業を実現させるために必要な投資金額を見積もります。「何のために、どのような投資がいつ必要で、その金額はいくらか」を計算します。

設備投資やシステム開発にかかる投資金額(見込み)の算出は、経験がなければ難しい作業です。もし経験がなければ、社内にいる経験豊富な人や外部のエキスパートと呼ばれる人材にヒアリングをしながら金額を計算します。

ここの計算が甘くなってしまうと、事業の途中でお金が足りなくなります。逆に、必要以上の投資金額を要求してしまい、あとあと使いきれないという状況にもなってしまいます。

ただし、新規事業は運営しながら軌道修正を行っていくものです。初期の開発で完璧な機能を装備しようとするのではなく、事業開始の段階では必要最低限の設備投資やシステム開発に抑えて、状況を見ながら追加投資を行っていく計画を立案します。

早い段階で投資計画を固めすぎてしまうと、その計画に縛られてしまうことがあるため、ある程度の柔軟性を持たせておきます。

■リスクにはどのようなものがあるか？

投資にはリスクがつきものです。投資に関するリスクとは、悪いことが起こる可能性です。

事前にどのようなリスクがあるかを書き出しておくことで、「どのような損失が出る恐れがあるか」を関係者が認識することができます。

例えば、開発がうまくいかず予定通りの動作ができない技術的なリスクや、期待される品質を実現できない性能的なリスクなどがあります。また、よく起こることですが、開発遅れによるスケジュール遅れのリスク、開発金額が当初予定よりも大幅に上がってしまう金額的なリスクもあります。

事前にリスクを知ることで対策を検討できますし、新規事業を立ち上げるのにあたり、「会社として許容できるリスクなのか」をチェックしてもらうこともできます。

⑦カネ：収益性・キャッシュフロー

新規事業を立ち上げることによって、儲けることができるのか計算します。

会社から期待される水準を満たすことができなければ、新規事業としての立ち上げは許されないでしょう。

■利益は出続けるのか？

「事業立ち上げから5年くらいのスパンで、どれくらいの利益が期待できるか」を計算します。

「利益が出るのか」については、「③いくらで」のところで計算してありますので、それをもとに考えます。その際、「どのようなロジックで計算したのか」をメモに残しておくとよいでしょう。後で質問されたときにすぐに回答できるようにしておきます。

さらに、投資を行う際には、「その投資金額が会計上、どのように計上されるのか」を確認します。投資金額については、投資を行ったタイミングで全額を計上するのではなく、会計上は利用期間に合わせて計上されるからです。投資の種類に合わせて、「何年でどのように期間按分するか」を確認し、収支計画表を作成します。

収支計画表は、エクセルで作っていきます（図表42）。

顧客数や単価などを予測して、最終的な計画案を完成させますが、その際には、会社か

図表42 最終的な計画案（収支計画）を完成させる

収支計画表

	1年目	2年目	3年目
売上高			
●顧客数			
●単価			
変動費			
●売上原価			
●物流費			
●……			
固定費			
●広告宣伝費			
●人件費			
●……			
営業利益			

ら求められている収益化の基準に合わせようとして計算ロジックに嘘が多くなる、ということがないように気を付けます。

多くの新規事業の収支計画では、1年目は少しの赤字、2年は赤字額が膨らみ、3年目に回復傾向になり、徐々に黒字化に向かうという内容になります。

1年目から売上は期待できないというのは、初期投資がかさみますから理解できます。ただ、最初から3年目か4年目に黒字化するような計算式を作ろうとしているのではないかと思ってしまうことがあります。

例えば、売上規模は小さくても1年目から利益が出せるのであれば、それに越したことはありません。もしくは、3年での黒字化は難しくて、事業としての花が咲くのは5年後になることもあるかもしれません。

会社の新規事業実施の基準は意識するものの、計算が恣意的になりすぎないように注意します。

収支計画を作成した後で、考えておきたいことは、LTVとCACです。

LTVとは、「Life Time Value」の略で「顧客生涯価値（一人の顧客がもたらす見込み利益）」のことです。CACは、「Customer Acquisition Cost」の略で、「顧客獲得コスト」のことです。

LTVとCACはいくらで、事業開始後どれくらいでLTVがCACを上回るかを計算します。収支計画を行っていると細かい試算にこだわってしまうことがありますが、ビジネスプランを作成する際に重要なのはLTVとCACを意識しておくことです。

■キャッシュフローは回るのか？

収支計算の後は、キャッシュフロー（現金の出入り・流れ）の計算を行います。

お客様に買っていただいても、すぐにそのお金が手元に入るわけではありません。仕入れ先への支払いが先行する場合もよくあります。

個人向けのビジネスでも、カード払いであれば、クレジットカード会社からの振り込みがあるまで時間がかかります。法人向けのビジネスでは、例えば「当月末〆、翌月末払い」の場合、入金されるまでの時間が1〜2カ月かかります。

「どのタイミングでどれくらいの現金（キャッシュ）が手に入り、どのくらいの現金を払うか」を計算します。さらに、年ごとの出入りの金額を累積で足し合わせることで、会社としてどれくらいの現金が必要なのかを事前に明らかにすることができます。

起業の場合には、手元の現金が尽きたら会社は倒産となります。企業内の新規事業においても資金は無尽蔵に使えるわけではありませんので、必要な資金を事前に計算し会社に予算化してもらいます。

「できるストーリーが成り立っているのか」をチェックする

④〜⑦までを考えることでビジネスプランは完成します。

ただし、単に要素を埋めるだけでは不十分です。それぞれの要素がつながっていて、「できるストーリーが成り立っているのか」をチェックする必要があります。

すでに説明した通り、できるストーリーとは、商品・サービスを提供できる体制・仕組みが自社にあるというつながりのことです。

つまり、**商品・サービス（①②③）を実現するためのバリューチェーン・リソース（④⑤⑥⑦）が揃っている状態であることを確認します。**

加えて、「商品・サービスを競合に真似されたとしても、自社が勝ち続ける強さがあるか」を確認する必要があります。

その際、どのような強さを持つべきなのかは、どのような価値を提供するのかによって変わってきます。提供する価値と自社の強さの主な関係はこのようなパターンになります。

できるストーリー

①もし他社にはないユニークな商品・サービスを提供するならば、他社にはない自社の強みが必要になる
②他社よりも高品質の商品・サービスを提供するならば、高い品質を実現できる強さが必要になる
③他社よりも安い商品・サービスを提供するのであれば、その安さを実現できる強さが

必要になる

このように、どのような価値を提供する商品・サービスなのかに応じて、自社ならではのバリューチェーン・リソースを用意しなければなりません。そうでなければ、他社にすぐに追随されてしまう可能性があります。

なお、その市場が急激に伸びていて、供給よりも需要が上回っている場合は、次のようなストーリーを目指す必要があります。いわばスピードの勝負であり、それは資金量の勝負とも言えます。

できるストーリー
④市場が伸びている中で、顧客ニーズに応えるならば、他社よりも早く提供できる強さが必要になる

できるストーリーを4つ提示しましたが、「自社が提供したい価値に応じて、どういう強さが必要になるか」を考えることで、「できるストーリーが成立しているか」を確認することができます。

ステップ4

検証
――ストーリーが有効か

ビジネスプランが完成したからといって、すぐに動きだすわけではありません。本当にそのビジネスが成功するかを確認してから大規模投資を行うべきです。

ストーリーを検証する際の2つのポイント

ビジネスを始める前に、描いたストーリーが有効かを検証します。その際に重要となるポイントが2つあります。

①できるストーリーよりも、売れるストーリーを優先する

試作品を作り、顧客に見てもらって買ってくれるかを検証します。

しかし、よく起きてしまうのは、せっかく試作品を作ったものの、その商品・サービスがお客様にまったく受け入れられず試作品の開発コストが無駄になってしまうことです。

実際に商品・サービスを作り上げるプロセス（できるストーリーづくり）は楽しいものですが、できるストーリーよりも、売れるストーリーのほうが重要です。できる限りお金をかけずに、「売れるストーリーが成立しているのか」を確認します。

2 現実世界で検証する

まだ商品・サービスは完成していませんが、現実世界で顧客のリアクションを確かめます。

顧客に対するインタビューやアンケートで、「こんな商品があったら欲しいですか」と聞くことと、実際に身銭を払ってくれることはまったく違います。アンケートで「この商品・サービスが欲しい」と言ってくれたからといって、お金を払って買ってくれるかはわかりません。

「本当にお金を払ってくれるかどうか」を確認するには、現実の世界で購入してくれそうかを確認する必要があります。

例えば、商品・サービスが本当に存在するような形でウェブページやチラシを作り、先行予約を受け付けてみて、「どれくらいの問い合わせがあるか」を調べます。実際は商品ができていないので、道義的にはよくないこともしれませんが、範囲が限定される形で実施するならば問題ないでしょう。

また、実際に問い合わせをいただいた方には、新商品の優待券などを提供することで、つなぎとめておくという手もあります。

検証結果を受け入れる

ここまで頑張って考えてきた新規ビジネスには情が発生します。**検証を行う前に、判断基準を決めておきましょう。検証結果を見てから、今後どうするかを決めようとすると判断が甘くなるからです。**

その判断基準を上回ることができたならば、新規事業を前に進めていきましょう。

検証をしてみると、まったく反響がないということもよくあります。「もっと売れるはずだ」と思っても、実際に売れなければ、それが現実です。

しかし、それは失敗ではなく、前進です。その厳しい現実を商品・サービスをリリースした後に知るよりも、早めに知ったほうがよっぽど幸せです。現実を早いうちに知るために、検証を行っているのです。

そこにニーズがないとわかったのであれば、そのビジネスプランの内容を修正するか、もしくは、ストップすればよいのです。何もわからない中で無謀にビジネスを進めるのではなく、ビジネスを始める前に実際に売れる可能性を確かめておくということです。

ケーススタディ 実践編

いかにして新規事業プランを考えるか？

ステップ1　気づき

ケーススタディの舞台であるメガネフィットでは、新規事業プランの募集が行われています。もし選ばれて、新しい事業づくりに関わることができたら自身のキャリアアップにつなげることもできます。

まずは、「どのようなビジネスプランにするか」を考えるために、色々なきっかけで得た気づきを書き出してみます。

●自分の中の感情

「私自身も眼鏡をかけているが、たまにイライラすることがある。眼鏡がいつの間にか汚れている。雨の日は水滴で濡れてしまう。汚れや曇りがない眼鏡があったらいいのに」

●目の前にいる相手の不満

「メガネフィットが開始したサブスクサービスは好評を得ている。今までは一本の眼鏡をずっとかけていたが、サブスクサービスのおかげで複数の眼鏡を使い分けることができる。ただ、店舗で眼鏡を選んでいるお客様の様子を観察すると、自分に合った眼鏡を選ぶことに苦労しているように見えた。自分の顔や容姿に合う眼鏡を選ぶ難しさもあるが、眼鏡を試す際は、眼鏡を外さなければいけないため、特に視力が低下した方は、選んだ眼鏡が自分に似合っているかよく見えていないようである」

●自社の強み

「メガネフィットの強みとは何だろうか。考えてみると、意外と出てこないものだ。

メガネフィットのブランド認知度は高いものの、その強みを活かして何かできるか考えてみると難しいと感じた。おしゃれさが自慢だから、アパレル業界に参入することはできるかもしれないが、その領域で通用するとは思えなかった」

●業界に対する違和感

「眼鏡業界にいる人は疑わないような慣習だけど、実は変えたほうがよいことはないだろうか。眼鏡は眼が悪くなったら身につけるものだと言われるが、別に眼が悪くならなくてもつけてもらってもいいかもしれない。あと、眼鏡は眼鏡屋でしか売れないのだろうか。アパレルショップで売ってもよいし、もっとオンライン上で買ってもらってもよい。眼鏡は眼鏡屋で売るという常識を壊せないだろうか」

●世の中のトレンド

「リモートワークが増えて、眼の負担は間違いなく増えている。眼の疲れを眼鏡に付けたセンサーで計測し、アドバイスを送ることができるかもしれない」

「高齢化により、眼鏡屋に買いに来ることが難しい人も増えてくるだろう。すでに訪問販売を行っているが、もっと眼鏡を買いやすくする方法はないだろうか」

「あと、最近気になるキーワードは、メタバースだ。眼鏡をデバイスとして活用してもらい、メタバース事業に参入することもできるかもしれない」

5つのきっかけを手がかりに、色々な気づきを得ることができました。

ステップ2　売れるストーリー

次は、商品・サービス内容を考えてみます。

『『今回の新規ビジネスの顧客は誰で、どのような課題を抱えているか』を明確にしてみたい。自分に合った眼鏡を選ぶことに苦労しているお客様は多いと思う。特に、視力が低い方は、眼鏡を外すと全然見えないため、自分に合った眼鏡を選ぶことができない。店舗で数名のお客様にもヒアリングしたところ、共感のコメントをいただいた。新規ビジネスのターゲットは、視力が低い方で、おしゃれな眼鏡を選べないで困っている方にしようと思う」

さらに、「想定している顧客に、何を、いくらで提供するか」を考えてみます。

「自身の顔の写真を撮り、アプリ上で眼鏡の着せ替えをすることができるアプリを作るのはどうだろうか。その眼鏡が似合っているかを採点することも、将来的にはできるかもしれない。自分に似合った眼鏡が決まったら、その眼鏡を販売しているお店を紹介する。アプリを通じて集客ができたら、その眼鏡店から紹介料をもらうことができるだろう」

ここまで考えたことを整理し、項目ごとに書き出します。

- **誰に**……視力が低い方で、おしゃれな眼鏡を選べないで困っている人
- **何を**……自分に合った一本を提案してくれるアプリ
- **いくらで**……ユーザーは無料で利用できる（アプリを通じて購入につながった場合は、眼鏡店から紹介料をもらう）

アイデアを作ったものの、「こういったサービスはあるか」を調べてみると、すでにた

くさんあることがわかりました。

今回のお題である「これまでにない眼に関する事業」という点を満たすことができていません。

改めて「今、誰が困っていて、どんな課題を抱えているか」を考えてみることにします。眼鏡業界やその近接市場で困っている人を探します。

「実は、今一番困っているのは眼鏡屋さんではないだろうか。メガネフィットもその一つだが、中小眼鏡会社の経営は苦しい状況である。メガネフィットの業績はなんとか踏ん張ることができているが、眼鏡業界全体として見れば、経営が厳しい会社が多く、この数年で閉店してしまった眼鏡店も多い」

「大手眼鏡チェーン店の攻勢で、地域に密着した眼鏡店の数は毎年減少している。このままでは大手企業だけが残り、中小企業が淘汰されてしまう。それは悲しいことである。多様な眼鏡店が個性を出し、顧客が色々な選択肢から選べるほうが買い物も楽しいはずだ」

「顧客は、業績が厳しい中小眼鏡店と設定しよう。眼鏡業界には、店舗数が100店舗以下の中小眼鏡店は多数存在する。その顧客に対して集客や収益拡大の支援を行いたい。メガネフィットならそれができると思う。メガネフィットが実現した眼鏡サブスクリプションサービスの管理システムを提供するのだ」

このように考え、詳しく調べてみたところ、自社のサブスク業務管理システムを利用すれば、どの企業でもすぐにサブスクサービスを開始できることがわかりました。

そのサービスを活用すれば、顧客情報を管理でき、契約に合わせた眼鏡の提供を行うことができます。また、決済機能と連携させれば、顧客に対してミスなく請求を行うことができます。

そのような実態をふまえ、さらに考えを深めます。

「サブスクサービスを実施するためには管理システムが必要となるが、それを自社で開発することは中小眼鏡店では難しい。現状、サブスクの管理システムは多数存在するが、眼鏡業界に特化したものはない」

「メガネフィットが蓄積したノウハウがあれば、これまでにない価値を提供できるはずだ。さらに、将来的に多数の会社が眼鏡のサブスクサービスを開始してくれれば、多数の会社で連携し、サブスクサービスを利用する顧客が色々な会社の店舗で眼鏡を選べるなんてことも可能になる。これはわくわくする」

商品・サービス案は完成しました。

このサービスを広げることで、中小の眼鏡店の経営を支援することができます。そして、顧客が眼鏡の幅広い選択肢を持つことができます。

ここまで考えたことを改めて整理します。

- **誰に**……中小の眼鏡店
- **何を**……集客や収益拡大の支援（眼鏡業界に特化したサブスク管理クラウドサービス）
- **いくらで**……利用料

次は、「売れるストーリーが成立しているか」を確認します。

「業績低下に苦しむ顧客の課題を解決する商品サービスと言える。このサービスで眼鏡店の売上が増えるのであれば、眼鏡店はその利用料を喜んで払ってくれるだろう。①誰に②何を③いくらでという3つの要素はつながっていると言える」

「さらに、この売れるストーリーには、新しさが含まれている。中小の眼鏡店をターゲットにするという点が新しい。さらに、眼鏡業界に特化したサブスク業務管理システムという内容も新しい」

売れるストーリーが成立していることが確認できたので、「どれくらいの売上が期待できるだろうか」を概算してみることにします。

「中小メガネ・コンタクトレンズ全国交流会」に登録している眼鏡店は、全国で約１５００店舗存在します。それらの店舗のうち、例えば10％の店舗に導入してもらうことができれば１５０店舗です。

各店舗がサブスクサービスを通じた売上を月額１００万円期待できるとすると、「１５０店舗×月商１００万円×12月＝年間18億円」の売上がサブスクサービスを通じて生まれることになります。

そのうちの10％をシステム利用料として頂戴すると想定すると、「18億円×10％＝年間１・８億円」の売上が期待できます。

これでは、目標の3億円には到達できませんが、この段階での計算の精度はかなり粗いものであるため、いったんその計算で前に進めようと思います。課金方法については、今後、専門家の意見も聞いて考えたいところです。

さらに、「この金額がどれくらいの市場シェアになるか」を確認したいところですが、眼鏡業界のサブスク業務管理システムという新しい分野であるため、その計算は難しいと言えます。

ただし、眼鏡の市場規模は4000億円と言われます。サブスクサービスを通じて1・8億円の売上を創り出すという見込みは現実的だと考えられます。もっと高い数値が期待できるかもしれません。

ステップ3 できるストーリー

考えた商品・サービス案を実現するビジネスプランを作成し、できるストーリーを完成させます（図表43）。

図表43 メガネフィットの新規事業部長の視点

①誰に
- 経営が厳しい中小眼鏡店

②何を
- サブスク業務管理システム
- 顧客開拓のサポート

③いくらで
- 利用料：売上の10%
- 導入費用：0円

▲

④バリューチェーン
- 自社開発したシステムを外販する
- 中小メガネ・コンタクトレンズ全国交流会のネットワークを活用して拡販を行う

⑤ヒト
- 営業、システム開発、導入支援の3名
- 社長の人脈をフル活用

⑥モノ
- 現在のシステムをベースに開発
- 追加開発は随時行う

⑦カネ
- 2年目黒字
- 必要資金は3000万円

●バリューチェーン

「自社で活用しているサブスク業務管理システムの外販を開始する。現在のサブスクサービスの社内システムはシステム部長が中心になって作り上げてくれたが、そのシステムをベースに拡張していこう。サービスはクラウドで提供する。開発は外注するという手もあるが、自社で柔軟な開発を行うことができる体制を確保しておきたい。中小の眼鏡店に営業を行い、運用・導入の支援を行う」

●ヒト

「現在、社内で活用しているシステムを外販できるように追加開発が必要になる。外販に向けた営業部隊を揃える必要があるが、まずは私1名でやろう。さらに開発担当1名、クライアントへの導入支援コンサルタントが1名必要だ。眼鏡企業に外販するために、社長の人脈が活用できる。うちの社長は、『中小メガネ・コンタクトレンズ全国交流会』の理事を務めているので、このネットワークを活用した営業活動ができそうだ」

●モノ

「システムの要件を固めて開発費用を見積もる必要がある。システム部長に少し相談したところ、社内で実施できている同様の機能を外部でも使えるようにするならば、追加で2000万円のシステム投資が必要であることがわかった。開発業務の一部は外部に依頼する必要がある。サービス提供の開始後には、追加の開発が必要になるだろう。この金額はまだ正確には読めないが、2年目以降も1000万円ずつの金額を見込んでおこう」

●カネ

「最後は、収支計画表を作成しよう。固定費と変動費を計算し、利益を出すことができるか計算を行った。1年目は売上がすぐに上がらないため、赤字スタートだが2年目には黒字化できそうだ。そして、キャッシュフローの計算を行い、必要資金は約3000万円だとわかった」

ビジネスプランの要素を埋めることができました。

この後は、「できるストーリーが成立しているか」をチェックします。つまり、「他社にはないユニークな商品・サービスを実現させられる、他社にはない自社の強みがあるか」を確認します。

「今回の眼鏡業界向けのサブスク業務管理システムは、メガネフィットが自社で実現したシステムをベースに作ることができるため、アドバンテージがある。眼鏡業界でサブスクサービスを成功させるためのノウハウを自社は持っている」

「さらに、社長の人脈もわが社だけの強みだ。システム開発会社が参入してきたとしても、この人脈は真似することはできない」

できるストーリーも成立していることが確認できました。

ステップ4　検証

ビジネスプランが完成しました。

机上の空論にならないように、ストーリー――本当にこのサービスを利用してくれるか――を検証します

「ビジネスプラン作成中に、知り合いの眼鏡店の社長さんにインタビューしたが、その際は非常に好評だった。メガネフィットのサブスクサービスは有名である。それと同じようなことが自社でもできるのであれば、『多少お金を払ってでも実施してみたい』という声が多数であった」

「さらに、メガネフィット社長の人脈を使えば、全国の眼鏡店・コンタクトレンズ店が登録する業界団体である『中小メガネ・コンタクトレンズ全国交流会』の参加企業に声をかけることができる。業界の起爆剤になる可能性もある」

「眼鏡業界で成功できたら、他業界にも転用できるかもしれない。夢が広がる。ただし、それは単なる夢かもしれない。インタビューでの話と実際に購入してくれるかは

別の話だ」

システム開発をする前に、サービスを使ってもらえる可能性（売れるストーリーの可能性）を少しでも検証しておく必要があります。

「実際のシステムを開発しなくても、その可能性を確かめる方法はないだろうか。中小眼鏡店の社長は、本当に眼鏡サブスク業務管理システムを導入したいと思うだろうか。例えば、有料のセミナーを実施して、サブスク導入のポイントを紹介するのはどうだろうか。参加料を3万円程度の高額に設定して、本気で興味がある会社がどれくらいあるかを試すことができる」

「ただし、セミナー参加とサブスク業務管理システムの導入は、別次元の話だと思う。ノウハウだけを聞いて満足する企業も多いだろうし、単なるセミナー好きもいるので、売れるストーリーの検証としては弱い」

他の検証方法を考えてみます。

「サブスクサービスの導入コンサルを行うのはどうだろうか。今は外販できるシステムはないが、メガネフィットの社員が導入支援を行う、外部システムの利用などを含めたコンサルサービスを立ち上げる。このコンサルサービスの依頼が多ければ、サブスク業務管理システムの導入を検討してくれる会社がある可能性が高い。実際にコンサルとして支援を行えば、今後のサービス導入や運用上の問題も見えてくるだろう。こちらの検証プランも良さそうだ」

「他の検証方法はないだろうか。例えば、利用イメージがわかる動画を作ってみて、その動画を『中小メガネ・コンタクトレンズ全国交流会』で流してもらうのはどうだろうか。『詳細が気になる方は、メールアドレスを登録してください』と案内する。どれくらいの登録があるかを試してみる。これなら大きなコストをかけなくても実現できそうだ」

ここまでの検証プランもふまえて、最終提案をまとめます。

「ビジネスプランの完成が見えてきた。このプランが審査を通過した際には、まずは売れるストーリーを検証するための資金と体制を作ってもらえるように依頼しよう。

もし検証の結果がよいものであれば、システムの本格開発に動けばよいし、もしニーズがなければ軌道修正すればよい。まったくニーズがないのであれば、その段階でストップするしかない。顧客ニーズがない中でシステム開発を進めるよりも失敗から学び、次の一歩を進んでいきたいと思う」

ビジネスプランを完成させて、メールで送付しました。あとは吉報を待つのみです。

おわりに　武器を自分のものにするために

本書をお読みいただき、ありがとうございました。

「問題解決力を実務において自然に活用できる状態」（スキルベース）になるためには、「自分がどのように思考を進めていくのか」のイメージを持てることが大切です。

ここまで、ケーススタディを通じて、問題解決に役立つ「視点」と「4つの武器」を学んでいただいたことで、皆さん自身が問題解決に取り組む際のイメージを持っていただくことができたのではないかと思います。

これで、今後さまざまな問題に対峙した際には、使うべき「武器」を選びながら、思考を進めることができます。ぜひ実際に武器を使ってみてください。**武器は使えば使うほど、自分自身のものとなっていきます。**

私が2022年に独立し設立した会社には、「問題解決力を実務において自然に活用できる状態」になるお手伝いをしたいとの思いを込めて、【スキルベース】という社名をつけました。

また、この社名には、一緒に学びあう基地（ベース）になりたいという思いも込めています。今後は、会社を一緒に立ち上げた和田史子さんとともに、「問題解決を学び続ける仲間同士が知恵を共有する基地」を創っていきたいと思っています。

本書がきっかけになり、多くの企業や個人の方々が問題解決の成果を創り出すことに少しでもお役に立つことができれば、それが私たちの最高の喜びとなります。

皆さんと直接お話しできる日を楽しみにしております。


なお、本書の執筆にあたっては、朝日新聞出版の喜多豊さん、佐藤聖一さんに、本書企画段階から執筆の細かいサポートまで大変ありがたいアドバイスを頂戴しました。また、アップルシード・エージェンシーの宮原陽介さんには、今回も企画段階から原稿の度々の練り直しに至るまで多大なるサポートをいただきました。最後になりましたが、この場を借りて御礼申し上げます。

高松康平
2023年1月

著者略歴

高松康平（たかまつ・こうへい）

株式会社スキルベース代表取締役。慶應義塾大学経済学部卒業後、マッキンゼー・アンド・カンパニーに入社。その後、リクルート等を経てビジネス・ブレークスルーにて執行役員に。10年間にわたり問題解決力トレーニング講座責任者を務め、年間登壇数No.1の研修講師として活躍。現在は独立し、「考える力」の養成を中心に様々な教育コンテンツの企画開発から提供まで幅広く携わっている。時代に合わせたカリキュラム開発とわかりやすい指導が強み。著書に『筋の良い仮説を生む 問題解決の「地図」と「武器」』（朝日新聞出版）がある。

スキルベース　https://skill-base.co.jp/

会社《かいしゃ》の問題《もんだい》の9割《わり》は「4つの武器《ぶき》」で解決《かいけつ》できる

2023年3月30日　第1刷発行

著　　者　高松康平
発 行 者　三宮博信
発 行 所　朝日新聞出版
〒104-8011 東京都中央区築地5-3-2
電話　03-5541-8814（編集）03-5540-7793（販売）
印 刷 所　大日本印刷株式会社

Published in Japan by Asahi Shimbun Publications Inc.
ISBN978-4-02-332275-2